基于核心素养的初中数学教学研究

李润泉　著

汕頭大學出版社

图书在版编目（CIP）数据

基于核心素养的初中数学教学研究 / 李润泉著. --
汕头 : 汕头大学出版社, 2023.10
ISBN 978-7-5658-5060-8

Ⅰ. ①基… Ⅱ. ①李… Ⅲ. ①中学数学课—教学研究
—初中 Ⅳ. ①G633.602

中国国家版本馆 CIP 数据核字 (2023) 第 229217 号

基于核心素养的初中数学教学研究
JIYU HEXIN SUYANG DE CHUZHONG SHUXUE JIAOXUE YANJIU

作　　者：李润泉
责任编辑：黄洁玲
责任技编：黄东生
封面设计：皓　月
出版发行：汕头大学出版社
　　　　　广东省汕头市大学路 243 号汕头大学校园内　邮政编码：515063
电　　话：0754-82904613
印　　刷：廊坊市海涛印刷有限公司
开　　本：710mm × 1000mm　1/16
印　　张：11.25
字　　数：250 千字
版　　次：2023 年 10 月第 1 版
印　　次：2024 年 1 月第 1 次印刷
定　　价：68.00 元
ISBN 978-7-5658-5060-8

前 言

随着社会的发展，对培养学生的核心素养越来越重视，数学的核心素养是数学学科特有的属性，引导学生掌握专业知识，提高数学计算和应用能力，优化学生的思维模式和逻辑判断能力，促进学生的全面发展。在初中数学的实际教学过程中，教师要重视以核心素养作为导向，尊重学生的主体地位，合理地选择教学方法，促使学生能够更好地理解和运用数学知识，提高教学质量。

核心素养主要是指学生应掌握的能够适应终身发展和社会发展需要的必备品格和关键能力。研究学生发展核心素养是适应世界教育改革发展趋势、提高我国教育国际竞争力的迫切需求。在初中数学教学中贯彻核心素养教学，是当前数学课堂教学的关键，是提升学生数学能力的关键。

本书主要突出基于核心素养的初中数学教学研究，从基于核心素养的初中数学及教学理论探究入手，针对基于核心素养的初中数学及教学理论探究、数学课堂教学研究的发展、基于核心素养的教学模式、课型的选择、初中生数学核心素养差异性培养的方法与策略进行了分析研究；另外对基于核心素养的初中数学课堂学习评价做了一定的介绍；还对基于核心素养的初中数学课堂学习实践进行了论述。

本书由李润泉和徐永华合作完成。参考了大量的相关文献资料，借鉴、引用了诸多专家、学者和教师的研究成果，其主要来源已在参考文献中列出，如有个别遗漏，恳请作者谅解并及时和我们联系。本书写作得到很多专家学者的支持和帮助，在此深表谢意。由于能力有限，时间仓促，虽极力丰富本书内容，仍难免有不妥与遗漏之处，恳请专家和读者指正。

目录

第一章　基于核心素养的初中数学及教学理论 …… 001

第一节　数学素养的内涵与要素 …… 001

第二节　数学核心素养与学科能力理论框架 …… 006

第三节　初中数学教学核心理念 …… 011

第四节　初中数学核心素养与数学思想 …… 018

第二章　基于核心素养的初中数学教学模式 …… 029

第一节　消除传统教学模式、课型对核心素养培养的阻碍 …… 029

第二节　以核心素养的基本理论革新传统教学模式与课型 …… 038

第三节　“生本课堂”向“自本课堂”转化的教学模式 …… 042

第三章　基于核心素养的初中数学课堂教学与进展 …… 047

第一节　初中数学课堂教学设计 …… 047

第二节　核心素养视角下初中数学高效课堂 …… 060

第三节　初中数学探究式教学的原则与策略 …… 066

第四节　数学课堂教学设计研究进展 …… 075

第四章　基于核心素养的初中数学课堂学习评价 …… 084

第一节　采取定性与定量相结合的综合性评价方法 …… 084

第二节　运用基于生长理念的多样化学习评价方法 …… 087

第三节　以形成性评价贯穿课堂教学各个环节 …… 095

第四节　运用信息技术更为客观地测量学生的核心素养 …… 102

第五章　基于核心素养的初中数学教学中的差异性培养 ………………… 106
第一节　数学抽象素养差异性培养的方法与策略 ………………… 106
第二节　逻辑推理素养差异性培养的方法与策略 ………………… 112

第六章　基于核心素养的初中数学能力与创新思维培养 ………………… 117
第一节　初中数学能力及其培养 ………………… 117
第二节　创新思维能力 ………………… 123
第三节　初中数学逻辑思维能力 ………………… 131

第七章　基于核心素养的初中数学教学实践的多元化探究 ………………… 143
第一节　基于核心素养的初中数学概念教学的策略 ………………… 143
第二节　基于核心素养的初中数学发展性作业优化探究 ………………… 149
第三节　基于核心素养的初中数学错题管理 ………………… 156
第四节　基于核心素养的初中数学文化教学策略研究 ………………… 169

参考文献 ………………… 173

第一章　基于核心素养的初中数学及教学理论

第一节　数学素养的内涵与要素

一、数学素养的内涵

对于数学素养的解释，在不同的时代均有所不同，随着时代的发展，人们对数学素养的认识也在不断变化，即便是在同一个时代，不同的机构、组织和专家对数学素养的解释也不完全相同。

在20世纪80年代，著名的科克罗夫特（Cockroft WH）首先提出了“数学素养”这个词，它包含两个内涵：第一是指个人在日常生活中具有运用数学技能的能力，能够满足个人每天生活中的实际数学需求；第二是能正确理解含有数学术语的信息，如阅读图表和表格等，一个有数学素养的人应该能正确理解一些数学的沟通方式。这里强调了数学素养的数学应用与数学理解特性。又如，有研究者认为：数学素养的生成是个体在已建立数学经验基础之上对数学感悟、反思和体验的结果，这里强调了数学素养个人建构的特殊性。还有研究者认为：以提高人们数学科学方面的素质作为重要内容和目的的数学教育就是数学教育中的素质教育。数学科学方面的素质，一般称之为数学素养。这里体现了数学素养的普遍性和一般性。再如，还有研究者指出：数学素养是一个广泛的具有时代内涵的概念，它包括逻辑思维、常规方法（符号系统）和数学应用三方面的基本内涵。这里体现了数学素养的动态性。

国际学生评估项目（PISA）对数学素养的定义是，数学素养是一种个人能力，学生能确定并理解数学在社会所起的作用，得出有充分根据的数学判断和能够有效地运用数学。这是作为一个有创新精神、关心他人和有思想的公民，适应当前及未来生活所必需的数学能力。这里融合了数学素养个人建构的特殊性和数学的应用与数学理解的重视。另有一些专家和数学教育组织回避直接定义数学素养，而是用对具备数学素养的人的描述来间接地解释这一概念。所以说对于数学素养的内涵尚没有一个严格的、统一的定义。

从上面论述中可以看出，“数学素养”应是一个开放性的结构，既有不同时代普遍适用的核心内容和要求，又有鲜明的时代特征，在不同的时代有不同的要求。我们可以把“数学素养”定义为：在数学课程学习过程中，学习者通过数学学习，加深对数学知识的理解，内化数学文化的成果，最终在学习者身上体现的一种时代价值或自己达到的新水平，同时能够主动将数学理论应用于生产生活实践。这样的定义可以得到现代课程论基本原理的支撑，也可以反映数学课程发展的基本趋势。现代课程论发展的一个基本特征，就是明确基础教育要为大众提供必需的语言、知识、价值观的课程，给每一个学生发展的机会。所以，非常强调课程对普通人的适用性。在经典课程理论家看来，课程设定首先要考虑的不是学生最终能否把它作为主修专业，而是这门学科对那些不会成为这个领域专家的年轻人的教育有什么贡献，对外行或一般公民有什么贡献。在现代课程理论里，学科有三要素，即学科的基本概念体系，这个体系所体现的思考方式，这个思考方式背后的伦理道德观念，这是三位一体的，任何割裂都是对课程内在关联的损害。此次数学课程标准设计思路之一，就是根据知识和能力，过程与方法，情感、态度和价值观三个维度设计，三个方面相互渗透，融为一体。也就是要求学生能化数学知识为智慧，化智慧为能力，化能力为德性。这需要有一个概念能将数学课程的内在联系统整合起来，“数学素养”恰好满足了数学课程发展的这种要求。

总而言之，“数学素养”及其命题的提出可以启发我们以课程论的眼光重新审视数学课程的价值和功能，调整我们的数学教学策略。从长远看，它有可能是数学课程改革的理论支撑之一。

二、数学素养的构成要素

从信息社会对数学素养的需求特征、时代要求公民以及“受过教育的人”的特征、我国颁布的科学素养框架、数学课程标准以及国内外对数学素养分析框架的分析，可以发现数学素养是由 5 个要素构成的。

（一）数学知识素养

任何素养的产生都离不开知识，数学素养的产生离不开数学知识。数学知识素养是数学的本体性素养，数学素养只有在学习数学知识以及应用数学知识的过程中生成。没有数学知识，数学素养就是无源之水、无本之木。只有在数学知识素养的基础上才能拓展形成其他数学素养。这一点是国内外数学素养研究者一致认为的。

（二）数学应用素养

注重知识的应用是任何学科教学中存在的价值追求之一。数学应用素养是指主体在真实情景中应用数学知识和技能处理问题的能力，是最直观地反映数学素养的重要方面，个体数学素养的其他方面都是通过在现实情景中对数学的应用而体现的。

（三）数学思想方法素养

数学本身就是一种重要的思想方法，甚至数学知识就是一种重要的方法。

著名数学教育家张奠宙先生将数学方法分为三个层次：第一，基本的和重大的数学思想方法。如模型化方法、微积分方法、概率统计方法、拓扑方法、计算方法等。它们决定一个大的数学学科方向，构成数学的重要基础。第二，与一般科学方法相应的数学方法。如类比联想、综合分析、归纳演绎等一般的科学方法。第三，数学中特有的方法，如数学等价、数学表示、公理化、关系映射反演、数形转换。

著名数学教育家史宁中教授指出：至今为止，数学发展所依赖的思想本质上有三个——抽象、推理、模型，其中抽象是最核心的。通过抽象，在现实生活中得到数学的概念和运算法则，通过推理得到数学的发展，然后通过模型建立数学与外部世界的联系。从这个方面看，当前的数学教学更缺乏这三个方面，而这三个方面正是数学与现实生活紧密联系的关键。

数学思想方法素养表现为主体对数学中蕴含的科学方法和数学特有的方法的掌握和在真实情景中的应用。在义务教育阶段，数学思想方法包括一般的科学方法，这些科学方法是数学中体现的科学思想方法，如演绎、归纳、类比、比较、观察、实验、综合、分析等。还有数学特有的方法，如化归、数学模型等。

（四）数学的思维素养

思维素养的生成是当代教育家的共识。美国教育家贝斯特（Bestor）指出，真正的教育就是智慧的训练。英国教育哲学家赫斯特（Hirst）强调，教育的中心目的是向学生传授主要的思维形式。美国心理学家和教育家杜威认为，“学习就是要学会思维”。教育在理智方面的任务是形成清醒的、细心的、透彻的思维习惯。培养学生的思维是教育的主要价值之一，因为思维的重要性在于：一个有思维的人，行动取决于长远的考虑。它能作出有系统的准备。它能使我们的行动具有深思熟虑和自觉的方式，以便达到未来的目的，或者说指挥我们去行动以达到现在看来还是遥远的目的。

思维方式有三种分类的方法：①每个民族都有自己特有的思维方式。如古希腊数学家和古印度数学家所关心的问题以及考虑问题的方法有显著差异。②不同信仰的人考虑问题的方式也不一样。③研究不同学科和从事不同职业的人，也常常会逐渐养成各自特有的思维方式。

人们常常从特定的角度出发，从特定的思维框架出发去看待世界，因而思维方式也就各不相同。特别是不同的学科会形成不同的学科思维素养。

对数学的思维素养重视可以追溯到古希腊。美籍匈牙利数学教育家波利亚（George Polya）在解题中强调“掌握数学意味着善于解题”“教会学生思考”，而且认为这里的“思考”包括两个方面：其一，指“有目的的思考”“创造性的思考”，也就是接近解题；其二，既包括“形式的”思维，又包括“非形式的”思维，即教会学生证明问题，甚至也教他们猜想问题。他进一步说明“教会思考”意味着教师不仅应该传授知识，而且也应当发展学生运用所传授知识的能力。著名数学教育家张奠宙教授指出：用数学的立场、观点、态度和方法去处理成人生活、经济管理和科技发展中的理论和实际问题，也许是数学素养中根本的一点。

数学的思维素养就是指学生在真实情景中，从数学的角度理解和把握面临的真实情境并加以整理，寻找其规律的过程，也叫数学化，也就是数学地组织现实世界的过程。值得指出的是，数学的思维不同于数学思维，一般认为，数学思维是针对数学活动而言的，它是通过对数学问题的提出、分析、解决、应用和推广等一系列工作，以获得对数学对象空间形式、数量关系和结构模式的本质和规律性的认识过程。

（五）数学精神素养

1. 数学精神素养是数学素养的最高层次

教育过程首先是一个精神成长的过程，然后才成为科学获知过程的一部分。也就是说，数学教育中，数学精神素养的生成是数学教育中数学素养的最高层次。

但是，数学精神的生成是数学教学中最容易忽视的部分。也即在我们的数学教学中，对“数学精神”的教育与研究尚未引起应有的重视，相当多的数学教师不懂得什么是“数学精神”，更谈不上用数学精神铸造学生高尚的人格。以致不少学生在数学学习中，会解题、能考试，却缺乏理性精神；唯书、唯师、唯上，却缺乏求真与创新精神；有追求，敢实践，却不知反思和自省。这种在“数学工具论”指导下的形式主义的数学教学，既影响了学生的综合素质，又影响了教师的专业水平。

美国应用数学家克莱因（Klein）指出：从最广泛的意义上说，数学是一种精神，一种理性的精神。正是这种精神，激发、促进、鼓舞并驱使人类的思维得以运用到最完善的程度，也正是这种精神，试图决定性地影响人类的物质、道德和社会生活，试图回答人类自身存在提出的问题，努力去理解和控制自然，尽力去探求和确立已经获得知识的最深刻和最完美的内涵。数学精神包括一般的科学精神、人文精神和数学特有的精神。通常把近代以来科学发展所积淀形成的独特的意识、理念、气质、品格、规范和传统称为科学精神。可以从不同角度给予不同的界定。一般而言，科学的整体可以分为科学知识体系、科学研究活动、科学社会建制和科学精神四个层面，科学精神通过前三大层面映射出来，体现了哲学与文化意蕴，是科学的灵魂。科学精神蕴含在科学思想、科学方法和科学的精神气质之中。科学精神的气质主要包括普遍性、公有性、无私利性、独创性和有条理的怀疑精神。

科学精神的具体内涵主要体现在：①求真精神；②实证精神；③怀疑和批判精神；④创新精神；⑤宽容的精神；⑥社会关怀精神。人文精神是指以人为本的精神，体现在揭示人的生存意义，体现人的价值和尊严，追求人的完善和自由发展的精神。包括自由精神、自觉精神、超越精神和人的价值观等。在数学教育中科学的人文精神包括严谨、朴实理智、自律诚实、求是勤奋、自强开拓、创新宽容、谦恭等。实际上，科学精神和人文精神是不可分割的，只有将两者结合起来才能使其走向良性发展。而这一种精神蕴含在数学学科中，比如有学者认为“数学精神是人们在几千年数学探索实践中所创造的精神财富。它积淀于数学史、数学哲学及数学本身之中。确切地说，所谓数学精神，指的是人们在数学活动中形成的价值观念和行为规范。数学精神的内涵十分丰富，主要有数学理性精神、数学求真精神、数学创新精神、数学合作与独立思考精神等”。

2. 数学精神素养是数学特有的精神

数学精神素养是指学生在真实情景中表现出来的，从数学的角度求真、质疑、求美和创新的特征。实际上，科学精神一点也不神秘。每当我们在现实生活中冷静、理智地思考问题、处理问题时，我们就具有某种科学精神。简单地说，就是客观的态度，有条理的方法。

从上述讨论中，基本明确了数学素养各层次之间的内涵，而它们之间的关系是，数学知识素养是数学的本体性素养，在数学知识素养的基础上拓展出数学应用素养、数学的思维素养、数学思想方法素养和数学精神素养。本书主要研究在数学知识素养的基础上拓展生成的数学应用素养、数学的思维素养、数学思想方法素养以及数学精神素养。而数学应用素养与数学思想方法素养、数学的思维素养、数学精神素养之间的关系是通过数学应用体现数学素养的其他层面。因为数学素养最终要通过主体在真实情景中表现出来，只有在数学应用中才可体现出主体的数学素养的其他层面。数学精神素养、数学的思维素养以及数学思想方法素养判断只有在主体处理具有真实情境的问题中表现出来，数学应用才可以判断主体不同层面的数学素养。

第二节　数学核心素养与学科能力理论框架

一、数学核心素养的相关研究

数学核心素养是数学学习者在学习数学或学习数学过程中的某一个领域所应达成的综合性能力。数学核心素养是数学的教与学过程应当特别关注的基本素养。所谓学科核心素养，粗略地说是指凸显学科本质，具有独特、重要育人价值的素养。

数学核心素养是数学思想方法的物化形态。累积数学素养的过程是一个将知识提升为智慧的过程。数学核心素养与数学思想方法有密切的联系，是数学思想方法作用的结果，也就是能以数学眼光观察世界，以数学思维思考世界，以数学语言描述世界。在相应学段的教育过程中，逐步形成的适应个人终身发展和社会发展需要的必备的品格与关键能力，这种数学核心素养就是数学学科中的必备品格与关键能力。可以看出，对于数学核心素养的定义，不同专家有不同的看法，但都有一个共同的指向，那就是数学对人的生存与发展的作用。

由此可见，不同学者对数学核心素养的理解存在不一致性，实际上数学核心素养在一定程度上表现为某些数学学科能力。本书认为，核心素养是数学的教与学过程应当特别关注的基本素养。

事实上，对于一线数学教育工作者来说，或许不需要纠结于数学核心素养的定义。核心素养作为一种新理念提出，是建立并延续在以往教育理念和思想基础之上的，是继承中的发展，因此，也不是一朝一夕就能实现的。不必过分地追究名词的含义，也不必过分纠缠于学科素养与整体素养的关系，而应该在具体教学操作中践行，因此，验证成功的就是成熟理论，实践基础上提炼的才更具有实效性。

二、数学核心素养的构成

数学核心素养总的来说包括六个方面：数学抽象、逻辑推理、数学建模、直观想象、数学运算和数据分析。六个方面构成一个有机整体，既相互独立，又相互渗透、交融。

（一）数学抽象

说到数学，最深入人心的莫过于它的抽象性。数学抽象指的是舍去事物所有的物理特性，通过对数量关系和空间形式的抽象，得到数学研究对象的素养。它由两个层次组成：第一层次的抽象是指从数量和数量的关系以及图形和图形的关系中抽象出数学概念和概念之间的关系。在具体的对象中，一般的规律和结构被抽象出来，这种抽象是具体而直观的，具有可用自然语言表达的物理背景；第二层次的抽象则是用数学符号或数学术语予以表征，它所具有字词、字义、符号三位一体的特性，是其他学科无法比拟的。

（二）逻辑推理

逻辑推理是指以事实和命题为出发点，依据规则推出其他命题的素养。在数学教学中培养学生的逻辑推理素养，有助于学生发现和提出问题，举一反三，理解数学知识之间的联系，形成合乎逻辑的思维习惯和沟通技巧。逻辑推理基本保证了数学的严谨性，主要包括两类：一类是归纳和类比，即从特殊到一般的推理；另一类是演绎推理，即从一般到特殊的推理。

（三）数学建模

数学建模是指将实际问题作为数学抽象的对象，用数学语言表达问题、用数学知识和方法解决问题，构建数学模型并进行实际检验的过程。对数学模型的理解通常分为狭义和广义两种。现代数学研究和数学应用中通常采用狭义理解，仅仅指反映特定问题或特定事物系统的数学结构。广义上的数学模型则是指从各自的真实原型中抽象出来的所有数学概念、数学理论等。数学建模是与数学抽象相辅相成的。数学模型可以用来解决数学以及各种科学和社会实践中的实际问题，数学建模活动的开展能够有效地培养学生的应用意识、数学语言运用能力和良好的直觉思维素养。

（四）直观想象

“直观想象”是数学思维的一种重要形式，是借助几何直观和空间想象感知事物的形态与变化，用图形来理解和解决数学问题的素养。正如华罗庚先生所说的那样，“数缺形难达直观，形缺数难以入微”，“图形”被用作几何直观、空间想象的载体，它是与数学抽象性相得益彰的。

（五）数学运算

历来的数学课程标准都强调数学运算的重要性。数学运算是指以明晰运算对象为基础，进一步依据运算法则完成解决数学问题的素养。

数学运算是数学学习的基石。在教学过程中，有的教师可能会因为过于强调思路和方法的教学，而忽视了学生运算素养的培养，从而影响学生数学学习的兴趣和成绩，甚至影响学生一生的发展。而培养学生的数学运算素养是学好数学的基础，因此，有必要得到数学教师的重视。

（六）数据分析

进入 21 世纪，社会随之进入大数据的信息时代，大量的数据信息影响和冲击着我们的工作与生活。数据分析主要包括数据收集、数据整理、信息提取、模型构建、推理判断和结论获取，其是大数据时代数学应用的主要方法，是针对研究对象获取数据，应用统计方法实现数据的整理、分析和推导，从而形成与研究对象有关知识的素养。

获取数据分析知识主要依赖于统计与概率的学习。概率与统计自进入教学大纲以来，重要性日益提高，通过学习，能够培养学生基于数据思考问题的习惯，提升基于数据表达现实问题的能力，积累复杂情境中探索事物的本质，以及事物间关联和规律的经验。

三、数学核心素养的教育价值

数学核心素养反映了数学的学科特征，体现了数学的本质和基本数学思想，它基于数学知识技能，但又高于具体数学知识技能。数学核心素养能够体现数学课程目标，具有重要的教育价值，主要体现在以下几个方面。

（一）促进国家教育改革进程

数学核心素养体系的建立是国家课程教学改革进程中浓墨重彩的一笔，该体系的构建，将课程目标、学科内容、课堂教材统一到培养学生的数学核心素养上来，为课程教学评价提供了具体依据，有力地推动了教育改革的全面深入。

（二）体现数学教学的总体目标

为了实现人人都可以得到良好的数学教育，让不同的人在数学上得到不同的发展的目标，数学核心素养使得数学教学从传统的知识教学转向新思路的素养教学，并将核心素养应用于“四基”教学过程中，致力于顺应时代发展，满足学生个性化发展的需要，真正做到促进每一位学生的发展。

（三）促进教师专业发展

教师作为教学过程的主导，自上而下贯彻国家教育方针，落实数学核心素养培养的过程，也是拓展深化教师专业知识，提升专业能力，形成专业自我的过程。数学核心素养在学科中的体现，使得教育理念趋于具体化、结构化、简单化，便于教师将自身学习落实到教学实践中，同时提升教师的素养，促进教师专业的蓬勃发展。

（四）促进学生全面发展

学生作为教学活动的主体和培养对象，数学核心素养在数学课程目标的集中体现，既要求学生掌握学科的基本知识和基本技能，还包括具备适应当前及未来社会发展的必备品格和关键能力。学生离开学校进入社会后，能够将学习到的数学知识和技能进行运用，具备可以观察事物的数学眼光、分析事物的数学思维以及表达事物的数学语言，努力实现“促进学生全面发展”这一数学教育的终极目标。

四、学科能力理论解读

（一）数学学科能力分析

数学能力的发展对学生的认知发展起着重要的作用，数学能力的研究很早就成为国内外许多教育学家和心理学家感兴趣的一个领域。数学能力由九种能力组成，①概括数学材料，从表面用不同的方法发现共同点的能力；②使数学材料形式化，用关系和联系的结构来进行运算的能力；③用数字和其他符号来进行运算的能力；④连续而有节奏的逻辑推理的能力；⑤用简缩的思维结构来进行思维的能力；⑥逆转心理过程，从正向的思维系列到逆向的思维系列的能力；⑦思维机动灵活，从一种心理运算过渡到另一种心理运算的能力；⑧数学记忆能力；⑨

能形成空间概念的能力。这九种能力总结起来包括记忆能力、推理能力和形式化能力，不仅包括了数学所特有的能力，还有一般性的能力。

国际大型测试 TIMSS 的数学能力测试框架是一个二维框架，包括内容维度和认知维度。内容维度界定测评涵盖的特定内容，认知维度说明学生解决相应题目时所需要的能力，并以认知水平来界定能力水平，能力水平包括了解、应用、推理，每一个方面进一步被细分为众多子项。

数学素养模型包括四维度架构：①情境维度，即问题情境，指 15 岁学生所可能面临的各种问题，具体包括个人生活的、职业的、社会性的、科学性的四种情境。②学科领域（内容维度），即空间和图形、变化和联系、数量、不确定性。③过程维度，即 3 种数学过程和 7 种数学基本能力。能力为：交流、数学化、表述、推理和论证，设计问题解决策略，运用符号的、正式的、技术的语言和运算以及使用数学工具。④认知能力水平。

学科能力的评价模型通过学科能力来体现学科目标，并用学科内容领域、认知要求、表现水平与描述、问题情境对学科能力加以描述。上述学科能力测评框架，为本书奠定了理论基础。

（二）学科能力理论框架

以学习、应用和创新为基础的数学学科能力是指顺畅地进行学科知识学习的行为、应用数学知识方法解决实际问题的活动、利用学科知识落实新遇到和模糊问题以及发掘新知识点和新措施的创新行为。依据数学本身的专业特点、学生应掌握的教学内容、学习的头脑活动特点等，对数学解析能力、数学知识运用能力和数学创新能力概念说明如下。

1. 数学解析能力

数学解析能力可从多角度进行定义。一些专家认为，数学解析是动态的，是对数学学科结构组成认识、不断进行活动的组织和实现数学学科价值作用活动的分析过程。对一个数学知识表述的理解，是指学习者掌握学习对象的图解、公式，了解知识要点的程序性，不仅建立产生式系统，而且要建立双向产生式系统。数学推演过程的核心是学习者能完整而深刻地理解知识结构中各要素关系和准确表达其概念。有的专家将数学感知定义为“学生在了解数学知识并有实践的基础上，心理上形成新知识的表征，头脑中不断更新、健全知识网络，并能随机提取出来用以解决实际问题的思考活动过程”。也有专家指出，数学解析是由上而下、分层组成的。参考以上，可见数学解析涵盖如下几个方面：一是能够完整、随机、通畅、正确地提取数学内容；二是能够以多种形式总结、表达数学知识，并在多种表达形式之间进行无障碍的调整选择；三是能够形成各知识点之间的广度和深度的联系纽带；四是善于在学习数学知识过程中应用数学推理。

2. 数学知识运用能力

数学知识运用能力也是有广度和深度差别的，数学知识运用能力可定义如下：一是能够在各种情况下，配比实际问题反馈的信息与相关知识，以数学的定律、原理进行数学计算和绘图，完成相关任务；二是能够结合实际情况配比实际问题、反馈信息点与相关知识，将数学知识作为工具加以解决问题。

3. 数学创新能力

数学创新能力表现如下：一是在数学学习中能积极响应新出现的数学方法，并能“创造性”地进行掌握和应用；二是能够模拟情境、积极推测、合情推演；三是对实践中不同的解决问题方法进行对比、剖析和品评，并有明确的个人观点；四是能够学以致用，用学过的知识和方法，探索各相关知识之间的联系，深入探索未知领域。

第三节　初中数学教学核心理念

一、初中数学教学的基本理念

（一）数学课程的主要性质

义务教育阶段的数学课程应突出体现基础性、普及性和发展性，使数学教育面向全体学生，人人都能学有价值的数学、人人都能获得必需的数学，不同的人在数学上能得到不同的发展。

义务教育阶段的数学教育面向全体学生，因此，具有以下几个特点：①基础性——为学生未来的学习、就业与生活打基础；②普及性——适合全国各地学生的学习需求；③发展性——能够有助于学生的进一步发展。

人人学有价值的数学。学生在义务教育阶段，对数学知识及方法进行接触、了解并掌握，从而在以后的社会中适应自身的个性化发展，使得思维得到启迪，智力得以开发。学生的现实生活及过往的知识与“有价值”的数学形成紧密联系，构成对学生有吸引力的内容。素质教育为“有价值的数学”提供了更为广泛的意义，学生的人格从中得到健全，形成向上的价值观，使得学生的科学精神、求实态度、创新合作意识、自信心及责任感得以培养。可以说，有价值的数学既有助于学生学习，又可以为学生在事业上提供更多的帮助。

人人都能获得必需的数学。学生通过必需的数学，可满足未来的生活所需，这便是数学立足于生活现实的基本出发点，至于与学生的心理及智力水平、数学科学发展方向不适应的内容，并不在获得的范畴内。掌握数学语言交流、讨论及读写等方面的能力，掌握数学的方法及基本思想，具备及时发现并解决数学问题的能力及意识，对数学的价值以及数学在社会中的作用及文化中的地位有所了解，增强自己对数学能力的信心。

事实上，通过多种途径可实现“人人都能获得必需的数学”，其中最基本且最有效的是在学生熟悉的生活环境中对数学进行发现、掌握及运用，通过一个过程体会周围世界与数学的联系，在社会生活中感受数学的作用及意义，从中领悟数学及个人成长间的关系。

不同的人能在数学上得到不同的发展。学生在生活中都有着一定的生活积累以及丰富的知识体验，也就是说不同学生处理问题的思维方式及解决方案各不相同，所以，课程覆盖范围是广泛的，不仅有供学生思考、探究及动手操作的题材，还包含着现代教学题材，让学生接触、了解、钻研自己感兴趣的数学问题，从而满足学生的数学发展需要，挖掘每个学生的潜能。同时，从满足每个学生个性化所需出发，为具有特殊才能的学生提供更多的发展机会。

（二）数学学习和数学教学的过程

1．数学学习过程

数学学习的目的不能被简单地理解为学生得到知识、掌握技能，数学学习的过程也不能被定位成全盘的接受过程。

（1）数学学习的起点和终点来源于学生熟悉的现实生活

数学课程内容是从学生熟悉的现实生活开始，遵循着人类活动在数学发现中的轨迹，从生活问题过渡到数学问题，从具体问题过渡到抽象概念，从特殊关系到一般规则，从而促使学生实现学习数学并从中获取知识的目标。根据以上发展途径，数学课程便可促使课本数学及生活数学间的联系得到加强，为学生提供了解并热爱数学的机会，从而达到数学与生活的和谐统一。

（2）数学学习应当既重视结果，也关注过程

数学课程的内容不仅包括数学的现有概念、定理、法则和公式等，构成的结

果还包括两个主要方面的内容。①问题数学化。对问题中的数学成分进行符号化处理，将实际问题转变为数学问题。②抽象化处理符号化的问题，使其保持在数学范畴内。处理数学模型应当从符号尝试建立、使用不同的数学模型，进而发展为更加完善合理的数学概念框架。通过这样的活动，可得到提出数学问题的方法、数学概念形成方法及应如何运用数学结论，并借此掌握更多的数学学习方式。

（3）数学学习过程应当是一个充满生命力的过程

学生的数学学习过程仍然包括认真听讲、课堂练习和课后作业等，但是仅限于此是不够的。应该积极提倡丰富学生的数学学习方式，增加动手实践和进行自主探索与合作交流的机会，而且数学学习活动应当是一个生动活泼的、主动的和富有个性的过程。数学学习是一个充满生命力的过程，不再是单一的形式，而是趋于多样化，在教学过程中应该留出一定的时间和空间给学生，以便学生能够投身于文化交流中，并在其中进行自主探索，从而明确自己的想法并且分享想法，加深对数学问题的理解与认知，最终掌握基本的数学技能、方法及知识。

2. 数学教学过程

（1）数学教学中应以学生的生活经验为起点

在数学教学中，教师应以学生的生活经验为起点，不仅要考虑学生学习数学的心理规律，还要对数学固有的特点进行考量。同时确保在学生已有的知识基础及认知水平上，创建数学教学活动。从学生终身学习的愿望出发，依据学生的心理发展规律及年龄特点，选材要丰富，覆盖面要广，从而形成学生乐于接触的、有价值的教学素材。举例来讲，教学素材应选取人们熟知的内容，以贴近生活、贴近实际为主，从而产生学习的动力。换句话说，提出的问题应当具有时代性、开放性且能满足学生们的兴趣。

（2）数学教学活动应该成为喜欢和好奇心的源泉

数学教学就要从学生的生活经验和已有的知识体验出发，从直观的和容易引起想象的问题出发，让数学背景包含在学生熟悉的事物和具体情境之中，并与学生已经了解或学习过的数学知识进行联系，特别是与学生生活中积累的常识性知识和已经具有的但不那么严格的数学活动经验进行联系。

就学生的智力活动而言，数学学习本质上可以视为一种思维活动。数学内容本身所具有的抽象特征，使得数学学习结果与数学思维水平的相关性，甚至依赖性十分明显。基于学生的数学思维水平开展教学是非常必要的。一方面，由于初中学生正处于由具体运算阶段向形式运算阶段发展的过程之中，因此，他们尽管可以从事逻辑思维活动，但还只能对具体事物或形象进行操作，而无法在头脑中把形式和内容分开，使思维超出所感知的具体事物或形象进行抽象的逻辑思维和命题运算。比如：几何证明一定要基于图形来进行，否则难以深入；代数运算需要赋予适当的数值、背景，否则很难理解其含义；概率模型和事件发生可能性的计算也需要借助具体的案例才能真正理解等等。另一方面，学生的数学学习应当能够促进其思维水平得到发展，所以，教学活动的设计和实施也应当致力于“思维的发展”。例如，在发展学生空间观念的教学环节中，开始的活动环节可以是“先动手操作，再借助想象”，而在学习的后期，则可以是“先借助想象，再操作验证”，以使学生的空间想象能力的发展有一个实质性飞跃。

（3）重新定位教师角色

在数学学习活动中，教师起到组织、引导及合作的作用，在这个过程中，教师已经不再是纯粹的传授者，而转变为学生发展的促进者。以下是角色的性质解析：①组织者。对学习资源进行组织发现、寻找及收集，并组织学生开展有意义的数学学习活动，对课堂学习氛围进行有技巧性的营造等。②引导者。对学生学习活动起到一定的引导作用，并激发学生对先前的知识及经验进行探究，对学习活动做进一步的引导，从而最大程度地发挥课程资源的价值。③合作者。创建一种平等、民主且和谐的师生关系，营造一种宽容、理解并且信任的氛围，激发学生的学习兴趣。与学生就学习的数学主题开展研究，并在活动过程中给予必要的建议等等。转变教师角色，从以往的教师教学生转变为师生之间的相互学习，形成一个良好的共融体。教师在这一过程中发挥着重要作用，如开启启发性的模式，创造一种理解及激励探索的气氛，为学生创设问题情境，使自己掌握的知识与学生思考的问题产生联系。针对不同的答案，可在加深理解的基础上，鼓励学生展开一系列的探讨，鼓励其将自己的思想及成果与同学分享，并审视自我看法。对于教师而言，须以学生为主体，善于抓住学生的想法，进而促使其对重要问题的关注，并推出有一定意义的交流事例。在这样的理念之下，数学教学活动就不再是一个单向的“知识传递的过程”，而是一个借助多向互动，在学生之间、师生之间，共同“创造与应用”数学的过程，数学课堂也不再仅仅是“传递数学的场所”，而是一个“交流数学的场所”。

二、初中数学教学内容的核心理念

关于课程内容一共有六个核心理念，分别是数感、符号感、空间观念、统计观念、应用意识和推理能力。就初中数学教学而言，仅就后五个核心概念进行阐述。

（一）符号感

数学的“抽象性”，其代表性特征便是数学是由“一整套抽象的符号体系来表达的”。不论是概念、定理（包括证明过程）、法则、公式，还是在解决问题的过程中，学生在进行表示、计算、推理、交流等活动时，也都会频繁地使用数学符号。例如，在代数中，用字母表示数，用代数式、公式、方程、函数等表示事物之间的关系和变化规律，用关系式、图像、表格的手段对数学对象进行表示和对符号进行运算。

符号感主要表现在能从具体情境中抽象出数量关系和变化规律，并用符号来表示；理解符号所代表的数量关系和变化规律；在复杂的数学运算过程中，会进行符号间的转换；能选择适当的程序和方法解决用符号所表示的问题。发展学生的符号感要使学生懂得符号的意义、会运用符号解决数学和数学以外的问题。

具体的学习活动包括挖掘问题情境中隐含的数学关系或规律等，并且用适当的数学符号或者数学模型，比如用代数式、方程（组）、不等式（组）、函数等表达出来；反之，对于现有的数学符号或者数学模型，能够以恰当的现实情境（问题）、变化过程进行匹配。

（二）空间观念

学生空间概念的养成，需从实物形状中对几何图形加以想象，然后从几何图形再想象出实物形状，从而实现几何体同三视图、展开图间的转化，并对几何图形或实物的运动及变化加以描述，同时，对物体间的位置关系进行适当的描述，进行直观思考等。事实上，极具想象力且创造性的探求过程便是空间观念的形成过程，该过程是人利用直观思考进行二维空间与三维空间的转换过程。

就初中阶段的课程内容而言，空间观念的表现主要包括：能从较复杂的图形中分解出基本图形，能描述实物或几何图形的运动和变化，能采用适当的方式描述物体间的位置关系，能借助直观对象进行思考、推理，等等。

具体的学习活动包括：认识基本图形的性质，并上升到逻辑分析的层面。如认识三角形之间的关系时，分析相应元素之间的关系，解释整体之间的关系；刻画图形的运动过程，并了解在运动过程中哪些事物（性质）发生了变化。如研究多边形运动时，使用几何或代数工具表示边长、角度、面积等是否发生变化；学习描述几何对象位置的代数化方法。如学习直角坐标系时，明晰坐标的内涵、建立适当的坐标系以解决数学问题或生活问题。

（三）统计观念

统计观念是初中数学教学中应当给予充分关注的，原因有两方面。①各种数据是未来人们学习、生活中必然会遇到的数学情境。比如，在商店购物时，要对商店的信誉作出判断；出门时，要了解未来的天气数据；上班时，要对路线及交通工具作出选择；观看比赛中，希望推测自己喜欢的球队有多大把握会赢等等。②统计知识与方法的学习并非简单地计算统计量、统计图表。事实上，能从统计的角度思考与数据有关的问题，能通过收集数据、描述数据、分析数据的过程，作出合理的决策，能对数据的来源、收集和描述数据的方法、由数据得到的结论进行合理的质疑等，都属于统计观念的内涵。关于发展学生统计观念的教学，包含更为宽泛的活动类型，而且更多的是以让学生经历整个统计活动全过程的现实开展的。例如：要统计一个交通要道的车辆通过情况，以便设置更加有效的信号灯变化程序。对于这样的问题，在教学过程中就需要引导学生设计统计指标——统计什么；制订数据收集方案——何时收集数据、怎样收集等；确定数据表达方式并从中获取有用的信息；确定必要的统计量，并实际计算；分析数据处理结果，获得合理推断并给出建议。

（四）应用意识

突出应用意识是新课程给人最为深刻的印象。计算机和现代信息技术的飞速发展，使数学应用得到了前所未有的发展，数学几乎渗透到每一个学科领域以及日常生活的方方面面。

新课程对培养学生的应用意识给予了特别的关注。具体而言，应用意识包含以下几层含义：

第一，使学生认识到现实生活中蕴含着大量的数学信息，数学在现实世界中有着广泛的应用。这表明，具备应用意识首先是能够以数学的眼光看待身边的事物，发现其中存在的数学。

第二，学生在面对实际问题时，能主动尝试着从数学的角度运用所学知识和方法，寻求解决问题的策略。事实上，现实中的许多现象、问题之中常常隐含着数学规律，而具备应用意识的人可以尽可能地挖掘现象（问题）中蕴含的数学规律，借助数学理论、方法解释这些现象并获得解决问题的途径。

第三，学生在面对新的数学知识时，能主动地寻求其实际背景，并探索其应用价值。初中数学基本上都能够在其生活中找到它们产生的实际背景。学生具备应用意识是指当他们面对一个数学对象时，能够主动地寻找满足其条件的实际背景，甚至能够借助背景来解释该数学对象的内涵以及应用情境。例如，面对一个具体的二元一次方程和一个二元一次方程组，能够主动寻找符合其特定要求的实例，并借助实例之间的差异，解释二元一次方程和二元一次方程组的区别。

（五）推理能力

在日常生活中，人们总是要不断地对各种各样的事物进行判断。而事物之间是具有种种联系的，因而上述的判断就是依据相应的联系，从一些事实（原理）或正确判断出发，去推导或引申出另一些判断，具有这种“推导”关系的判断，就构成了推理的过程。

推理一般包括演绎推理和合情推理两种，演绎推理就是比较熟悉的论证推理，它由一定的前提出发，然后利用逻辑的手段得到结论。演绎推理的前提必然蕴含结论。合情推理常常是根据已有的知识和经验得到可能性结论的推理，它的主要形式是归纳和类比。合情推理的前提与结论之间没有必然的联系。

在熟知的传统课程中，学生推理能力发展的主要目标就是发展学生的逻辑推理能力（主要通过几何课程来实现）。发展学生的推理能力，应当既包括发展其逻辑推理能力，也包括发展其合情推理能力。能通过观察、实验、归纳、类比等获得数学猜想，并进一步寻求证据、给出证明或举出反例；能清晰、有条理地表达自己的思考过程，做到言之有理、落笔有据；在与他人交流的过程中，能运用数学语言、合乎逻辑地进行讨论与质疑。

从上段描述中可得出以下结论：推理能力包括能通过观察、实验、归纳、类比等活动获得数学猜想，这一过程实质上就是借助合情推理的方式，获得发现的过程。不仅如此，完整的推理过程还要求在上述合情推理的基础上，进行必要的演绎论证，并进一步寻求证据、给出证明或举出反例，能够清晰、有条理地表达自己的思考过程，做到言之有理、落笔有据。这一要求实际上就是指能够借助演绎论证方法进行逻辑推理活动。而在与他人交流的过程中，能运用数学语言、合乎逻辑地进行讨论与质疑，要求学生能够借助数学进行理性化的交流。这里，更多地倾向于要求学生能够借助数学的语言（符号）去表达一个现象、一种认识和思考，以及对于采用这样的方式所表达的对象的认识、理解。

第四节　初中数学核心素养与数学思想

一、初中数学核心素养解析

（一）初中数学核心素养的要素

对于数学核心素养的内容，除了数学本身的知识、能力、方法、思想外，还涉及人成长过程中作为一个社会个体不可或缺的基本素养。国际学生评估项目（PISA）指出，数学核心素养包括交流、数学化、表述、推理和论证，设计问题解决策略，运用符号的、正式的、技术的语言和运算，使用数学工具等七个方面。数学核心素养包括：数感、符号意识、空间观念、几何直观、数据分析观念、运算能力、推理能力、模型思想、应用意识和创新意识。可以看出，这十个“核心词”所表达的内涵与PISA所表达的是相通的，也可以认为，这些内容应该是课标组专家们所认为的初中数学学科核心素养。

综上所述，从义务教育数学课程中的观点和初中数学教育教学的实际出发，初中数学学科要由学科教学走向学科教育，以发挥学科育人的功能，初中数学核心素养应包括数学知识、数学能力、数学思考、数学思想、数学态度这五个方面。数学课程能使学生掌握必备的基础知识和基本技能，培养学生的抽象思维和推理能力，培养学生的创新意识和实践能力，促进学生在情感、态度与价值观等方面的发展。对于初中数学教育而言，如果数学教育不能在培养人的情感、态度与价值观等方面发挥积极的作用，那么，培养出来的将只是在数学智力上得到良好发展的人，要培养对社会发展有推动作用、对社会建设有价值的时代公民，这是远远不够的。如果数学学科没能在“立德树人”方面发挥应有的作用，那么，它就难以真正融入教育改革与发展的大潮流之中。

（二）初中数学核心素养的特点

1．目标具体化

有清晰、特定的目标来学习，同时围绕此目标进行相应的教学活动，探索初中数学教学多样化拓展，加强分层次教学并注重科学性，全面提高初中数学的教学质量。

2. 内容完整性

初中数学教学中培养目标需要强调核心素养的重要性，这要求教学体系完整，课堂教学的内容高效、丰富，课前准备和课后复习都是完整体系的一部分，内容由浅及深，重点与难点放到最后，这样初中数学课堂的教学质量就能全面提高。以上做法能够将核心素养与数学思想互相融合，进一步提高数学吸引力，完善教学模式。

3. 加强操作能力培养性

操作能力是素质教育的重要内容，只有加强了实际操作能力才能达到学习目的，因此，初中数学课堂教学吸引力的形成和加强是必需的，以正确的数学思维理念进行指导，采取多种途径解决数学问题，丰富学生解决数学问题的办法，提升学生运用数学解决实际问题的能力。

（三）初中数学核心素养的教学评价

以一节具体的“一元二次方程的应用”为例，来尝试分析关于数学核心素养的评价层级问题。

需要明确的是，正如核心素养的定义所强调的，核心素养是学生在接受相应学段的教学过程中，逐步形成的适应个人终身发展和社会发展需要的必备品格与关键能力。学生数学核心素养层级的划分与学生已有的经验水平以及认知能力有关。从这个意义上来说，应用发展的眼光来看待学生数学核心素养的层级，只有这样，数学教育教学才能适应学生个性发展的需要，才能真正做到根据学生的具体情况而培养与发展他们的数学核心素养。

该课的主要内容是运用一元二次方程这个数学模型，来解决现实生活中关于销售利润的问题。本课涉及三个数量关系：①单件商品实际利润 = 单件商品的实际售价 – 单件商品的成本; ②实际销售量 = 原有销售量 + 变化量（当销售量增加时，变化量为正，当销售量减少时，变化量为负）；③实际总利润 = 单件商品的实际利润 × 实际销售量。

1. 从数学知识的角度分析

从数学知识（这里主要从狭义的角度，即指陈述性知识）的角度来分析，本课主要包含一元二次方程的解法步骤、上述的三个数量关系、列一元二次方程解应用题的基本步骤等。由于学生刚学习过一元二次方程的解法，从数学素养的层级性来看，解一元二次方程属于第一层级的数学知识素养。而对于列方程解应用题的基本步骤，由于学生已具备较为丰富的经验，在大脑中已留下较为深刻的印象，而且这些知识都是七、八年级所形成的，因此，也可以称之为第一层级的数学知识素养。而对于上述的三个等量关系主要代表以下内容，等量关系①与学生的现实生活体验直接相关，学生可以与现实生活直接联系起来，因此，属于第二层级的数学知识素养；等量关系②虽然涉及变量的知识，但学生仍可结合生活经验去理解，因而，可以认为也属于第二层级的数学知识素养；等量关系③是由等量关系①与②组成的，受等量关系①与②的影响，但单纯从陈述性知识的角度来说，它的难度也不大，通过教师的举例阐释，学生仍能理解，所以，可以把它归于数学知识素养的第三层级。从上述分析可以看出，此课程数学知识素养的三个层次，对应布鲁姆教育目标分类（认知领域）中的知识层面，即回忆、选择与陈述。

当然，上述分析是基于学生对商品销售这个生活化情境有所体会的基础之上的。基于这个分析，为了在课堂中达到培养学生数学知识素养的目的，应该清楚学生是否掌握一元二次方程的解法，应该创设具体的生活化情境帮助学生“回忆”上述三个等量关系的事实，让学生在问题解决的过程中回忆列方程解应用题的基本步骤。

2. 从数学能力的角度分析

从数学能力这个素养的角度来分析，课程主要包含：会选择合理的方法解答所列出的一元二次方程模型，这属于运算能力；会用合适的代数式来表达上述的三个等量关系，包括引入合适的未知数，这属于符号意识与运算能力；会根据实际问题找出包含的上述三个等量关系，这属于阅读理解能力及分析问题能力；会根据问题，判断解出模型结果的合理性，这属于发现问题的能力；解决问题的过程中，会解释自己的思维过程，会对自己的解答过程作出合适的评价。从数学能力核心素养的层级来分析，学生学完一元二次方程的解法后，基本能根据不同的方程选择不同的解法，因此，“解一元二次方程模型”对应的是数学能力素养的第一层级。“引入未知数及用代数式表示等量关系”，这涉及数学化及符号化的思维过程，课程中涉及直接引入未知数与间接引入未知数的问题。这个能力应属于数学能力素养的第三层级。找出问题中包含的三个等量关系，涉及数学阅读能力、抽象与概括能力、信息的加工能力等综合能力，但由于本课中问题的情境与学生的生活直接相关，对学生来说难度较小，所以，可以把这个能力也归于数学能力素养的第三层级。

判断模型结果的合理性，不仅要检验结果是否是模型的解，而且要检验结果是否符合生活实际，有时还涉及问题中隐含条件的挖掘与运用。这个能力应属于第二层级（可直接判断）或第三层级（需要挖掘问题中的隐含条件），甚至第四层级。“解释自己的思维过程”，这涉及运用数学语言来表达思维的能力，不仅需要学生充分理解问题、模型，探索模型的思维过程，理解他人的表达，还需要学生具有较强的语言表达与交流能力，故可认为这种能力属于数学能力素养的第四层级。

综上所述，课程中数学能力素养的四个层次，对于布鲁姆（Bloom）教育目标分类（认知领域）中的理解、应用、分析、综合及评价五个方面均有涉及。

3．从数学思考的角度分析

从数学思考这个核心素养的角度来分析，该课题主要包括：会用符号及代数式表示销售量与单件商品的售价（或单件商品的利润）之间的关系；会根据单件商品的售价（或利润）的变化确定销售量的变化；在问题解决的过程中感悟模型思想，体会一元二次方程这个刻画现实生活的有效模型；理解当单件商品的售价（或涨价等）发生变化时，单件商品的利润、销售量的变化，感受这个函数关系。其中，“用符号及代数式表示销售量与单件商品的售价（或单件商品的利润）之间的关系”，涉及符号化思想与形式化思想，而当引入了未知数后，只需要将实际问题的语言转化为数学关系的语言表达即可，这需要学生对问题中反映的数学关系有数学化理解。这对于学生来说，具有较大的挑战性，因此，可以认为这属于数学思考素养的第三级。

模型思想是数学思想的核心内容之一，根据实际问题建立一元二次方程的数学模型，不仅需要学生理解问题中反映的数量关系，还需要学生具备相关的数量关系经验，如总利润 = 商品的单件利润 × 销售量，这建立在学生对生活的数学化理解的基础之上，需要学生具备良好的数学概括能力、数学抽象能力与符号表征能力。同时，在模型的推广与应用过程中，需要学生根据具体的问题抽象出数学问题，进而建立与一元二次方程相关的认知结构。这个素养的层次属于数学思考素养的第四层级。由问题中反映的数量关系可知，当单件商品的售价或利润发生变化时，销售量也会随之发生变化，这种变化关系，学生可以从问题中获取信息，也可以从对生活的理解中获取，但这种关系是建立在学生数学阅读的基础之上的，这种关系是不是函数关系，需要学生对函数概念的本质（即对应）有一定的理解。如果单纯从销售量与售价的关系的直观理解上来看，可以认为这属于数学思考素养的第三层级，但若从函数观念上理解这种关系，则属于数学思考素养的第四层级。

4. 从数学态度的角度分析

从数学态度这个素养上来分析，该课题主要包括：积极主动阅读问题，并在阅读过程中主动分析问题中的已知量、未知量及数量关系；积极主动地将新问题与以往的知识及生活经验建立联系，并在此基础上进行思考与交流并抽象概括出数学模型；当面临系数较大的一元二次方程时，可以积极主动地联想解一元二次方程的经验，合理选择解方程的方法，在数学模型的帮助下得以顺利求解；在经过解决层层递进的、逐步抽象的问题序列的过程中，获取销售量与售价之间的对应关系，并在突破这一难点的过程中树立学好课本知识的信心，激发学习兴趣；在运用一元二次方程模型解决实际问题的过程中，抽象出数学模型，获得成功的体验，从而提升数学学习的求知欲；在对模型求解所得结果的分析与辨析的过程中，回到问题中去，修正错误，形成严谨求实的科学态度。

数学态度这个核心素养，需要以具体的数学知识为载体，以教与学的行为的过程及结果为评价标准。其不是从学生的数学学习中完全独立出来，也不是空中楼阁，是可以评价的，可以通过学生的课堂学习表现来测量。“数学阅读”作为问题解决的第一个关键环节，不仅需要学生有阅读分析的能力，还需要有阅读的信心与兴趣，而信心与兴趣是建立在学生能进行数学阅读的基础之上的，是学生数学核心素养最基本也是最为核心的要素之一，没有这一要素作为支撑，课程的其他素养都将无法获取，都只能是教师的数学学习而不是学生的数学学习，因此，将其称为数学态度这一要素的第一层级。

“能坚持选择合理的方法解模型”，这不仅需要经验与能力，还需要分析与观察能力，需要克服计算困难的信心与毅力，这也是学习数学的必备品格，这里把它划分为数学态度素养的第二层级。

“主动地思考与获取数学模型”，不仅需要具备较丰富的数学知识与较强的数学思考与应用能力，而且需要学生具备钻研与交流的学习方式与精神，而这种素养是建立在学生以往的知识经验与认知水平、情感态度的基础之上的，因此，把它划分为数学态度素养的第三层级。

“检验结果的正确性，发展批判性思维”，这是本课题的重点之一，而发展批判性思维更是数学教育教学的核心任务之一，需要的不仅仅是能力，还需要一种精神、一种意识、一种自我提升的观念。这部分内容在教学过程中并不困难，但往往被大部分教师所忽视。从数学教育教学的高度来说，这是重点也是难点，所以，将它划分为数学态度素养的第四层级。

5．从数学思想的角度分析

从数学思想这个素养上来分析，本课题蕴含的数学思想主要是模型思想，在获取模型的过程中，还会运用到从特殊到一般、从具体到抽象的思维方法，在分析、理解与感悟模型的过程中还将用到函数思想。

模型思想的建立是学生体会和理解数学与外部世界联系的基本途径。建立和求解模型的过程包括：从现实生活或具体情境中抽象出数学问题，用数学符号建立方程、不等式、函数等表示数学问题中的数量关系和变化规律，求出结果并讨论结果的意义。这些内容的学习有助于学生初步形成模型思想，提高学习数学的兴趣和应用意识。这个过程也就是：现实问题——数学问题——建立模型——求解模型——解释（现实问题）。可见，学生对生活中具体现象的理解与体验水平影响他们的数学化质量，决定他们能否顺利将实际问题转化为数学问题来进行思考。课程中，学生结合生活的具体经验，初步抽象概括出三个直观的数量关系，再通过引入适当的数学符号，将前面所得的数学模型进行符号化、形式化表示，这不仅需要学生对所学习的数学模型方程、不等式、函数等，具有较全面的理解，还需要学生具有良好的运算能力、符号化能力。在上述三个数量关系模型中，对于学生来说，第二个较为困难，而其中又较为困难的是“变化量”的代数式表示。教学时，因此常常需要教师举出较为丰富的具体示例，让学生在解答问题的过程中发现规律，归纳方法，这就需要学生具备良好的观察能力、归纳能力等。

6．从学生数学素养发展的角度分析

事实上，数学模型“实际总利润 = 单件商品的实际利润 × 实际销售量”它的本质是一个“A=B×C”型的数量关系模型，这个模型虽然不构成正比例或反比例关系，但它与行程、工程等问题的数量关系，在模型的结构上是相似的。如果教学中能引导学生对它们进行分析与辨别，则有利于提升学生的解题能力和数学思维水平。

作为策略性知识的数学思想，往往“只可意会而不可言传”，“只有在实践的过程中亲自动脑、动手去做，获得体验，产生领悟，才能达到学会的目的”。这样，数学思想的感悟，就不仅与学生的知识水平、能力水平有关，而且与学生的数学学习态度、思维品质等都直接相关。

基于以上的分析，可以认为，数学思想应渗透于数学核心素养的每一层级。当数学思想发挥工具性作用，指导解决具体的数学问题时，它属于一、二、三、四层级，而当数学思想影响人的思维方式，在人的成长中发挥作用时，则属于第五层级。

二、数学思想概念的界定

所谓“数学思想”，是指实际生存的宇宙的空间形式和数量关系反映到人的认识中，经过大脑的一系列活动而最终形成的结论，它是对数学事实与数学理论等的根本性认识（包含定义、定理、公式、法则等），是从某些具体的数学内容和对数学的认识过程当中提炼出来的数学概念。而数学的研究内容包括两方面，即数学知识与数学思想。

数学有二重属性，一是数学研究成果揭示了事物数量和形式的一般规律；二是数学研究过程及其成果中蕴含有一般思维规律。我们可把教学中所组合的一级思维规律称为数学思想。数学的二重性，简单地说，一是数学知识，二是数学思想。

数学思想是对数学知识的本质认识，是从某些具体的数学内容和对数学的认识过程中提炼上升的数学观点，它在认识活动中被反复运用，带有普遍的指导意义，是用数学解决问题的指导思想。例如：模型思想、极限思想、统计思想、最优化思想、化归思想、分类思想等。

数学核心素养的研究是热点，其中史宁中教授基于“数学产生和发展必须依赖的思想；学习过数学的人应当具备的基本思维品质”两个标准，指出数学的基本思想包括三个要素：抽象、推理和模型。其中，这两个判断标准与“四基”（基础知识、基本技能、基本思想和基本活动经验）一脉相承，史教授将传统的数学思想的要素进行了提炼，并论述通过数学抽象实现用数学的眼光观察世界，通过数学推理，用数学的思维思考现实世界，通过数学模型用数学语言表达世界。史教授虽然在《中国学生发展的数学核心素养概念界定及养成途径》一文中指出：数学核心素养包含三种成分：一是学生经历数学化活动而习得的数学思维方式，二是学生数学发展所必需的关键能力，三是学生经历数学化活动而习得的数学品格及健全人格养成。其中，关键能力包括数学抽象能力、数学推理能力、数学建模能力、直观想象能力、运算能力、数据分析观念。但根据现有的文献，数学核心素养的概念界定尚不明确且有争议，对于数学抽象、推理、模型三种要素具体在初中数学新课教学中实践经验还很少，为了突出本书对教学实践的指导意义，本书的研究仍然集中在传统的数学思想——化归、集合思想、分类讨论、类比、数形结合、模型、一般化与特殊化。

三、初中常见数学思想

（一）化归思想

化归思想是数学思想中最基本的一种思想，是转化与归结的简称，在解决一个新问题时，数学家们并不是直接寻找问题的答案，而是运用已知的知识与方法将新的问题化归成某个或某些规范的问题得到解决。

在初中教学中，化归思想贯穿始终，如将有理数的减法转化为加法，将有理数的除法转化为乘法；又如几何问题中将三角形的问题转化为基本图形，将四边形（多边形）的问题转化为三角形的问题进行研究，进而将圆（曲线型）的问题转化为三角形、四边形（直线型）问题进行研究；再如方程问题中，将二元（三元）一次方程（组）或一元二次方程的问题转化为一元一次方程的问题，等等。

（二）集合思想

在朴素集合论中，集合是一个不能定义而只给予描述的原始概念，即一些事物的总体。并且为了避免悖论的出现，明确指出“所有集合的全体”不是集合。数学科学从大量丰富多彩的客观世界中抽象出集合、关系、结构这三个具有方向性和统一化的思想，其中，关系和结构又都以集合论为基础，中学数学也不例外。集合思想有助于中学数学教学中引导学生理解各种概念、公式、命题等的外延与内涵，理解图形的位置关系与数学关系，以及图形变换中的性质。

如初中教学中涉及数与式的知识体系中：从有理数的分类到无理数的扩充，进而有实数的概念，再扩充到整式、分式、二次要式到代数式，都渗透着集合思想。又如四边形概念中涉及的属概念：平行四边形、矩形、菱形、正方形等概念的研究中都体现着集合思想。

（三）分类讨论思想

分类讨论思想是自然科学乃至社会科学中的基本逻辑方法，它来源于生活中的分类。分类讨论思想在数学研究中，是指将数学对象按照相同点和不同点区分为不同种类的一种思想。分类过程中，根据相同点将数学对象并为较大的类，根据差异点将数学对象分为较小的类，从而将数学对象区分为具有一定从属关系的等级系统。分类具有三个要素：母项——被划分的对象；子项——划分后所得的概念；根据——划分的标准。分类讨论中一般遵循不重不漏、标准统一、按层次划分的基本原则。在初中教学中，面对数学认知尚浅的学生，以生活中的分类为例巧妙渗透上述原则，如所有的七年级学生入校被分到不同的班级，张三不能既在一班也在二班，这就是不重；李四不能没有班级、入不了学，这就是不漏；所有的学生是电脑随机排位入学，这就是标准，不能允许按个人喜好选择班级，否则就是标准不统一，不公平；另外，当所有学生都分到不同的班级后，每个班的教师又将班级内的学生分成不同的学习小组，这就是按层次划分。这样的渗透，能引导学生感受分类讨论就在我们生活中，只不过我们需要关注这样的基本原则，才能让分类讨论有价值。

分类讨论在初中新课教学中体现频繁，大到知识体系的构建：如数与式的运算分为数的运算、整式的运算、分式的运算、二次根式的运算；小到每一个章节的构建，如数的运算又分为数的加、减、乘、除、乘方、开方等；再小可以渗透到每一个课时，如某一个新概念（命题）的研究分为研究新概念（命题）的内涵、特点、应用等多方面。几何问题研究中研究图形的位置关系与数量关系两大类；而整个几何图形按内容又分为直线型的图形与曲线型的图形（圆、双曲线、抛物线）；直线型的图形又分为一条线（直线、射线、线段）到两条线（角与平行线）、三条线（三角形）、四条线（四边形）、多条线（多边形）构成的图形；等等。

（四）类比思想

所谓类比，是指通过两个对象类似之处的比较，由已经获得的知识引出新的猜测。法国数学家、天文学家拉普拉斯曾指出：“即使在数学里，发现真理的主要工具也是归纳和类比。”虽然在没有得到证实之前，所得出的猜测的真伪并不确定，同时猜测的结果也因个人的经验与思想的不同而存在差异。类比思想作为猜测问题的重要方法之一，在初中阶段易于学生理解，是引导学生发现问题、解决问题的重要思想。类比法常被用于由已知的事实引出新的猜测，或对可能的解答或解决方法进行猜测。

在初中数学新课教学中，同类概念或命题的研究通常渗透着类比思想。如整式的运算可以类比数的运算，分式的研究可以类比分数的研究；又如二次函数、反比例函数的研究可以类比一次函数的研究；再如不等式（组）的研究可以类比方程（组）的研究；矩形的研究类比菱形的研究；等等。

（五）数形结合思想

数量关系和空间形式是数学学科的主要研究对象，也即数与形。数形结合是指在研究某一对象时，分析其代数意义的同时揭示其几何意义，用代数的方法分析图形，借助图形直观理解数与式中的关系，使数与形各展其长、优势互补、相辅相成，使逻辑思维与形象思维完美结合起来。现实世界总是兼具数与形两种属性，数形结合思想利于学生从不同的角度理解事物的本质，能促进学生智力的开发，也是培养创造性思维的重要途径。数形结合思想贯穿于整个初中新课教学的始终，从数轴上的点到平面直角坐标系上的点，再到一次函数的图像、反比例函数的图像、二次函数的图像等都是数形结合思想的重要证明。

（六）模型思想

一般认为一切数学都是模型，如数轴是时间的模型，导数是瞬时速度的模型，直线是光线的模型等。只不过有的数学模型仅解决某个特定的问题，有的数学模型可以解决较为广泛的问题，而有的数学模型在数学体系中起着承上启下的作用，亦即显得更为重要罢了。在初中数学教学中建构模型解决问题主要包含：方程（组）模型、不等式（组）模型、函数模型。方程组模型是将现实情境问题转化为数学化后，利用设未知数，并将未知数视为已知，代入等量关系式，再利用解方程（组）的形式求解数学问题，从而解决现实情境问题。

（七）一般化与特殊化

从特殊到一般与从一般到特殊是我们研究事物的一种基本规律，在数学知识的发展过程中，一般化与特殊化是常用的两种方法。一般化又称普通化，是把研究对象或者问题从原有范围推展到更大范围进行考虑的思维方法。人们的认识通常是从特殊到一般，因为前者比后者容易认识。在数学中，往往是先解决特殊问题，然后才解决一般问题。特殊化通常是指考虑一般性命题的特殊例子，正如波利亚所说的那样：是从考虑一组给定的对象集合过渡到考虑该集合的一个较小的子集，或仅仅一个对象。

特殊化是把研究对象或问题从原有范围缩小到较小范围或个别情形进行考查的思维方法。在初中数学新课教学中，新的命题、公式或法则通常采用特殊到一般的探讨思路进行，如有理数的加法法则的探索：从特殊的数入手，结合数轴分别讨论了同号两数相加与异号两数相加的法则，通过对特殊的两数相加后的符号与绝对值确定的依据形成法则。

四、初中数学核心素养与数学思想的融合

当前，我国初中重点是进行思想教育的改革以促进教育改革的发展，需要重点关注的是，进行初中数学教学时，需要促使核心素养与数学思想方法紧密结合。核心素养的基本概念、初中数学核心素养与数学思想方法结合中存在的问题，都需要有针对性地进行研究。

初中数学教育应在继承本领域的优良传统基础上，总结经验、与时俱进，这需要教师勇于改变传统的教学模式，引导学生成为教学的主人，培养学生的独立性、创造性，使其能够运用数学思维方法解决现实问题。所谓提倡素质教育，就是学生发挥特长、勇于探索、培养兴趣，避免兴趣因过重的训练任务而消磨殆尽，避免出现因为学习积极性不高、学习无兴趣而厌倦学习数学的情况。

实现核心素养与数学思想的融合路径如下：

（一）不断改革教材

想要进一步落实核心素养与数学思想就要革新教学内容。在新课标出现后，初中数学教学就进行了改革，数学教材皆为依据新课标的规定调整过的，但是有些内容与实际应用有差距。因为当下受高考的影响，教育重视考试效果，由于缺少了应用检验，许多题目不适应社会发展，因此，必须对教材进行革新。基于现行教材，结合素质教育，进行合理的内容深化，渗透日常生活元素。

（二）教学思维明确深化

数学教学分解为数学思维和数学知识，思维可以学习相应或建立数学理论和应用知识，而知识又是思维的主要部分，两者密切相关。总之，只有当学生的数学思维达到一定水平，才能提高其数学使用水平。在教授数学过程中，要善于总结，在平时慢慢向学生渗透必要的思维方法。

（三）提升数学计算能力

在现今的教学模式下，学生应用数学的能力较弱。针对此情况，可通过以下方式进行解决。①加强教学概念变化的演示，因为数学概念是从现实世界抽象出来的，反映了真实的数学变化，是一种深入地反映世界本质的专业体系，因此，教师应在教授过程中深入地引导学生。②对于实际问题通过建立数学模型的方式进行教授，然后利用数学知识与思维模式找到答案，在解决问题的同时进行反思总结，使得数学新思维和新观点体系不断完善。

第二章　基于核心素养的初中数学教学模式

第一节　消除传统教学模式、课型对核心素养培养的阻碍

一、传统教学模式、课型对核心素养培养的阻碍分析

教学片段与传统的教学模式相比，内容呈现更显活泼生动，学生学习更显自觉主动，实现了三个方面的转变：①由教师课前找题转变为学生课堂现场编题，教师引导点拨；从以前的照题宣读变成现在的探索发现，即兴发言，从而让预设与生成更加灵动。②在课堂上教师提供基本的图形，引导学生增加或改变条件，提出新的问题。这样可以使教学内容更加集中，针对性、互动性更强，课堂结构也更加紧凑，教学环节之间的过渡也更加连贯。③学生学习的积极性、主动性得到了很大的提升，学生发现的结论、提出的问题也由浅入深，不同层次的学生都能各抒己见。教师不再是问题的搬运工，而是问题源的设计者。

教师不再是问题的搬运工，而是问题源的设计者。

提升学生的数学核心素养，不能局限在知识层面的取向，满足于短期的应试，更要有一种“大数学观”。通过预设核心情境，引导学生从数学角度发现和提出问题，分析和解决问题，让思维的浪花频频撞击着知识的堡垒，扬起片片灵感，让学习在学生此起彼伏的精彩表述中真正发生，学生的数学核心素养也在悄然提升。

消除传统教学模式、课型对核心素养培养的阻碍，主要做到以下几点：

（一）课堂教学的目标设置指向学生核心素养的全面发展

数学课堂教学目标以促进学生数学素养的发展和生命质量的整体提升为价

值追求，以体验感悟为基础，以理解交往、多维互动、情商共生为途径，让学生掌握基本知识和基本技能以及基本思想和方法。因此在课堂教学中，教师要积极创设合情合理的、生动有趣的数学学习环境，引导学生学习知识，开展思维训练，展示自我才华，使学生在民主和谐的氛围中积极主动地理解和掌握目标，从而促进学生全面发展，形成健康的人格。

（二）课堂教学的内容与过程指向学生核心素养的全面发展

课堂教学的丰富性主要是在内容上体现，在过程中展开。教师首先要能认真研读教学内容，通过对教材的研析，理解知识的发生发展过程，准确把握知识间的内在联系，厘清知识技能目标，深入教学内容的实质，挖掘具体知识技能所蕴含的核心素养。其次，课堂教学蕴含着巨大的生命活力，只有师生的生命活力在课堂教学中得到有效绽放，才能真正有助于新人的培养和教师的成长，课堂才有真正的生命。因此，课堂教学应成为师生共同参与、相互作用，创造性地实现教学目标的过程。

（三）课堂教学的方法设计指向学生核心素养的全面发展

数学教学不能就教材讲教材，教师要摆脱对教材的崇拜和依赖，对教材进行“二次开发”，注重知识背后蕴含的数学思想。这实际上是要求教师基于对课程标准中课程内容的领会和把握，超越对教材内容的机械传递，创造性地、个性化地运用教材，设计自主灵动的教法，生成丰富多样的教学内容。教师要对整本书、整个阶段的数学知识点了然于胸，把这些知识点看作美丽的珍珠，用一根“思”线把它们穿成美丽的“项链”，突出数学的本质，渗透数学的思想方法。

培养学生数学核心素养，在教学中要以学生为主体，尊重学生个体认知的差异性，并充分发挥学生群体学习的作用，充分体现课堂的自主性、开放性、拓展性，让各层次的学生积极探究，自主发展。因此，教师在教学过程中要积极创设自主探究的环境，提供自主探究的舞台，促进学生自主学习。让学生用数学的眼光去发现问题、提出问题、解决问题，在自主探究中不断提升数学观察能力及表达能力，并在合作与交流中不断创新，获得成功体验，提高自主探究的兴趣。

基于学科核心素养的教学过程，其关注的焦点由知识、能力、情感态度价值观转向了素养，其根本的意义就在于教学活动不再是单纯的知识传输一能力培养一情感态度价值观升华的过程，而变成了师生互动、教学相长的过程。在这个过程中，教师的教不再局限于给予学生完整的知识体系，而时刻体现为对于学生核心素养的培育与关切：学生的学也不仅仅局限于再现和理解教师教授甚至灌输的知识，而主要体现为通过参与课堂呈现素养提升。以这一理念为指导的教学过程，就不再是单向性的，而是综合性的。这种综合，是教与学的综合，也是基于学科核心素养的综合。充分发挥教师的主导作用，让学生的主体地位进一步彰显，让他们在主动参与的过程中充分发挥优势，才能真正实现素养的提升。有了这样的理念支撑，教师敢放手，学生爱参与，课堂一定会有惊喜。从教学方法的探索来说，基于学科核心素养的教学追求更为灵活、开放的探索。只有经历了这样的改变，才能将学科核心素养的要求变成充满生气的课堂，也才能让学生们有更多的兴趣和热情投入学习，在自主探究的过程中得到综合素养的培养。这实际上是给广大一线教师开拓了展现才华的空间，让他们在面对学生的时候能有更多的机会和手段发现适合自己教学风格的方法，更好地完成育人任务。

提升学生的数学核心素养，不能局限在知识层面的取向，满足于短期的应试，更要有一种“大数学观”。通过预设核心情境，引导学生从数学角度发现和提出问题，分析和解决问题，让思维通过灵感建立知识结构，让学习在学生此起彼伏的精彩表述中真正产生，学生的数学核心素养也在提升。

传统教学模式、课型带来的弊端主要有三点：第一，目标性强。以完成认识性任务作为课堂教学的中心或唯一目的，往往重知识与技能，轻过程与方法及情感、态度与价值观。把系统知识传授等同于认知领域，忽视学生能力、智力的发展，更谈不上对学生进行情感陶冶、意志磨炼。第二，预设性强。教师的备课重教材，重预设，轻学情分析，教学的程序也是按照设计好的教案进行操作，大多数情况下，只是把学生作为一个处于一定年级段的抽象群体来认识，研究的重点也是放在学生能否掌握教材，把握重难点等，依然是以教材为中心来认识学生。教学过程的设计除了课程进行的程序外，重点是按教材逻辑，分解设计一系列问题或相关练习，甚至在教案上都已有明确答案设定。第三，单向性强。把课堂教学过程看作单向信息传递过程，课堂成了“教案剧”演出的“舞台”。教师是主角，学生是配角，大多数学生只是不起眼的“群众演员”，缺少学生到教师的信息反馈以及学生与学生的信息交流。学生的主动性、积极性没有被激发起来，完全靠教师强制学习，导致学生学习动力严重不足，接踵而至的便是题海战术，学生变成学习的机器，大多数学生逐渐变得不爱问、不想问“为什么”，甚至不知道要问“为什么”。这种教学方法不仅束缚了学生的思维发展，也使学生学习的主动性渐渐丧失，甚至被迫学习，根本体会不到学习的快乐。

可以看出，传统教学模式最根本的问题，是把丰富多彩的课堂教学过程简化为特殊的认识活动，把它从整体的生命活动中割裂开来，忽视了课堂教学过程中人的因素，即一是忽视了作为独立个体的教师与学生因处于不同状态而在课堂教学过程中的多种需要与潜在能力。二是忽视了作为共同活动体的师生群体在课堂教学活动中多边多重、多种形式的交互作用和创造能力，从而使课堂教学变得按部就班，沉闷单调，缺乏生气与乐趣，缺少情智鼓舞，使师生的生命力在课堂中日益颓废，进而使教学本身也成为导致学生厌学、教师厌教的因素，连传统课堂教学视为最主要的认识性任务也不可能得到完全和有效的实现，更谈不上核心素养的整体提升了。

为了改变上述状态，必须突破教学的传统框架，从核心素养的视域出发，重新全面地认识课堂教学，构建新的课堂教学观，创新教学模式与教学课型，让课堂焕发出生命的活力。从生命的高度，用基于核心素养的视域和动态生成的观点看课堂教学，它包含着多重丰富的含义。

二、改变传统教学模式，构建初中数学高效课堂

（一）改变初中数学课堂教学的理念

毫无疑问，积极健康合理有效的教学理念能够提升初中数学课堂的教学效果，对学生的发展也是非常有利的，能够保证学生在学到知识的同时，身心各方面的素质也得到全面发展。

首先，要不断提升教师自身的素质。只有教师自身的素质提高了，才能够精心设计教学的各个环节，才能够更好地引导学生去学习。而且，教师需要能够在教学中不断地创新，应用新的教学理念和教学方法。其次，教师还必须深入了解学生的实际情况，依据课程标准和学生的实际情况，按照学生的实际需求来制定相应的教学目标和教学方法。只有这样，我们才能够真正做到为学生的发展和学习成长服务。再次，老师应该创设健康和谐的课堂教学环境。只有在积极健康和民主的课堂环境中，学生才能够自由地学习，才能够大胆地提出自己的疑问，只有这样学生才能够形成健康的心理，才能够培养出健全的品格。同时，教师切不可对学生有任何的偏见和偏私的行为。只有这样，才能够使学生的学习热情持续长久。通过对学生的了解和观察，我们发现：兴趣是学生最好的老师，教师必须要善于激发学生学习数学的兴趣，因为数学很抽象很难懂，如果不是兴趣使然，学生在遇到困难时，难免要打退堂鼓。

（二）改变初中数学课堂教学的模式

传统的数学课堂教学比较重视知识的灌输，受课本的束缚太大，不太注意知识的迁移和运用，甚至把数学知识和社会实践完全脱离，我们必须要跳出传统课堂的教学模式，寻找新的适应学情的教学模式。

首先，教师必须要整合教学资源，重构知识体系，创设好教学情境，灵活地运用联系的观念并在教学中引入这些环节。一个好的教学情境和引入环节能够让学生积极主动参与到数学学习中来，激发学生学习数学的兴趣。但是由于数学自身的特点，很难将其与现实生活中的实践联系起来，我们可以根据数学自身的内容和特征，将精心设计的错题、陷阱题等引入教学过程。

其次，要对所学的知识进行实践和操作，不能将知识仅仅停留在课本上和黑板上。一些知识都来源于生活，要教会学生观察生活中的细节，将学生所学到的数学知识迁移到学生的日常生活中去。

最后，教师在课堂上要适时地总结，把所学的数学知识进行总结和串联，为学生搭建一个完整的认知结构，让所学的知识更加完整和系统。同时也可以让学生参与到课堂小结中去，让学生自己动手串联知识，寻找知识点。也可以让学生畅所欲言地谈自己学习数学的乐趣、困难、方法以及感受。

（三）创新初中数学课堂教学的方法

合适的课堂教学方法对建设初中高效数学课堂的影响非常大，能够起到事半功倍的作用，这是初中建立高效的数学课堂的基本功。

首先，教师在选择数学课堂的教学方法时，应该按照学生的实际情况和学习需求，结合教学的目标和内容，制定合适学生的学习目标。教师制定教学目标时应该按照准确、明确和有层次的标准来制定。教学目标是教学活动的指向标，合适的教学目标能够保证课堂教学有效地开展，而且教学目标的制定应该从学生整体素质发展来考虑，不能仅仅是完成知识的灌输就了事，应该从听取学生的意见和学生的学习反馈情况来制定目标。其次，寻找适合学生的有效的教学方法。另外，教师在选择教学方法时还要在思维和情感上激发学生的兴趣，能够促进学生向纵深方面学习。同时也要根据学生的实际学习情况来制定不同的教学方法。再次，改变教学的方式，让学生主动学习。改变以往的以教师讲为主的教学方式，开始让学生主动地去学习，让学生亲自去体验数学学习的整个过程，确立学生主体的学习地位。

（四）走出传统教学模式，培养学生的参与意识

当今中学生由于年龄偏小，对老师有很强的依赖心理。表现在不制定学习计划，坐等上课，课前不预习，上课不记笔记，或呆坐听着，不得要领。凡此种种都是学生没有真正参与教学过程，也就是参与意识差，学习被动的表现。

要想提高数学课的教学效果，那么在数学课堂教学上，必须让学生充分“动”起来。提高学生在课堂教学中的参与意识，使学生真正成为课堂教学的主人，是现代数学教学的趋势。作为数学教师应如何提高数学课堂教学中学生的参与程度呢?

1. 创设民主和谐的课堂教学氛围，使学生勤于动脑，勇于发言

心理学家指出：人在情绪低落的时候，想象力只有平时的二分之一甚至更少。因此，只有在宽松、民主的教学氛围中，学生的创造性思维才能得到最大限度的发挥，这就需要我们教师能以宽松友好的心态对待每一位学生，在教师与学生之间建立一种平等合作、友好的交流关系。

学生在课堂上不仅仅是学习活动的接受者，而应该充分体现主体地位的作用。教师要引导学生开动脑筋在新旧知识的联结处想；在知识的疑难处想；在思维干扰处想。对于学生思维的结果，教师要鼓励学生大胆地说出自己的想法，让学生各抒己见。这样才能使每个学生深刻理解知识的形成及发展过程，从而促进学生思维能力的发展。

2. 鼓励学生善于动手实验

数学实验是学生获得知识的重要手段。数学实验就是动手算一算、画一画、量一量。一个题目光想不动手，找不到解决的方法，动手做做常会有启发。例如，代数问题可以把字母化成数试一试，几何问题可多画几个图看一看，这比冥思苦想效果显著得多，在学习“轴对称图形”时，组织学生进行折纸实验，统计学生能折出多少种轴对称图形，看着自己的作品，学生往往会产生一种喜悦的心情且富有成就感，进而产生一种求知欲，从而起到激发兴趣的作用；在学习“圆与圆的位置关系”时，组织学生运用两个圆作相对运动的实验，学生能很自然地归纳总结出两个圆的位置关系，同时对相应知识的形成过程也有了较深的理解。

（五）走出传统教学模式，改变学生的学习方式，使学生学会自觉性学习

自觉性学习是以学生的主动性、探索性学习为基础而进行的学习，这是一种学习者自觉、主动的学习方式，是学习者迫切需要的、高效率的学习方式。它以

课程改革为突破口，使学生学会自觉性学习、探索性学习，这是课程改革的一种新趋势。那么，应如何使学生学会自觉性学习呢？

1．自觉性学习需要较强的学习动机

数学学习的动机是推动数学学习的驱动力。学生没有数学学习的动机，就像汽车没有发动机一样。学生有了强烈的数学学习动机，就有了数学学习的积极性和主动性。而学习动机与学习兴趣密不可分，浓厚的学习兴趣是推动学生数学学习的一种最实在的内动力，是影响学习效率的一个重要因素。中学生只有对教学学习产生了浓厚兴趣，才会对数学表现出高度的自觉性、积极性和持久性，兴趣在需要的基础上产生，而需要的满足又会引起更浓厚的兴趣。在课堂教学中，要具体做到以下几点：①要求学生端正学习数学的心态，减轻心理压力。对数学基础较差、失去了数学学习信心的同学，不能总是批评、指责和漠不关心，而应该是鼓励他们，鼓励他们树立学习的信心，善于发现他们的优点，耐心细致地辅导他们，使他们逐步体验到学习数学的乐趣，相反，如果总是批评、指责、漠不关心，那只能造成恶性循环，后果不堪设想。②一堂数学课，教师应做到因材施教、量体裁衣。在选取教学内容时，应尽量坚持四条原则：a. 适量的内容，不能过多；b. 适当的难度，不能偏难；c. 与学生已有的知识经验相联系，不能偏差太远；d. 选取例题富有典型性和启发性，能使学生举一反三，触类旁通。

2．自主性学习，需要建立融洽和谐的师生关系

自主性学习与愉快教学是密切联系和密不可分的，和谐融洽的师生关系又是实施愉快教学的前提和基础。师生关系好，学生爱老师，就会爱其所教的学科，师生关系好，学生对老师的信任度高，就会产生“亲其师，信其道”的效应，教师教给的各种信息就会在学生头脑里出现一种“易接受”的心理优势；师生关系好，学生的崇拜度高，教师的模范言行、治学精神都会给学生以感染。要建立融洽和谐的师生关系，具体做法是：在课堂教学中要尊重学生人格，尊重学生的主体地位和创新精神，平等公正地对待每个学生，上课的表情亲切和蔼，话语幽默有趣，营造一个良好的课堂氛围，充分调动学生的情绪，使学生在轻松愉快的气氛中主动学习。

总之，传统的课堂教学模式已经不能适应当今学生的实际发展情况了，教师必须要整合教学资源，重构知识体系，创设好教学情境，灵活地做好课堂引入环节，并且在课堂上能够举一反三，以点带面。教师还要鼓励学生对所学的知识进行实践和操作，只有这样我们才可以跳出传统课堂的教学模式，构建高效的数学课堂。

三、消除传统教学模式、课型对核心素养培养阻碍的措施

（一）课堂教学的目标设置指向学生核心素养的全面发展

数学课堂教学目标以促进学生数学素养的发展和生命质量的整体提升为价值追求，以体验感悟为基础，以理解交往、多维互动、情商共生为途径，让学生掌握基本知识和基本技能以及基本思想、方法。因此，在课堂教学中，教师要积极创设合情合理的、生动有趣的数学学习环境，引导学生学习知识，开展思维训练，展示自我才华，使学生在民主和谐的氛围中积极主动地理解和掌握学习内容，从而促进学生全面发展，形成健康的人格。

数学核心素养作为初中学生必备的一种基本素质和能力，要求学生能够主动、自然、娴熟地用数学进行交流且建立模型解决问题，能够开启智能计算的思维，拥有积极的数学情感，做一个会表述的、有思想的人。因此，数学课堂教学目标的设置应至少包含数学交流、数学建模、智能计算、数学情感四个方面。在夯实基础知识与基本技能的同时，要展现知识的形成过程，关注学生的数学交流、情感互动等。

（二）课堂教学的内容与过程指向学生核心素养的全面发展

课堂教学的丰富性主要是在内容上体现，在过程中展开。首先，教师要能认真研读教学内容，通过对教材的研析，理解知识的发生发展过程，准确把握知识间的内在联系，理清知识技能目标，深入教学内容的实质，挖掘具体知识技能所蕴含的核心素养。其次，课堂教学蕴含着巨大的生命活力，只有师生的生命活力在课堂教学中得到有效释放，才能真正有助于学生的培养和教师的成长，课堂才有真正的生命。因此，课堂教学应成为师生共同参与、相互作用，创造性地实现教学目标的过程。

数学存在于我们美好的生活中，教师将一些生活情境引入数学课堂，启发学生用数学的眼光观察生活，让学生自觉地将一些事物与数或数量关系联系起来，通过抽象概括提炼数学模型，联想与之有关的数学知识，并用数学符号或数学术语予以表征，从数学的角度分析解决实际问题，指导生活。长此以往，有助于培养学生的数学意识，发展学生的数学核心素养。

（三）课堂教学的方法设计指向学生核心素养的全面发展

数学教学不能就教材讲教材，教师要摆脱对教材的崇拜和依赖，对教材进行“二次开发”，注重知识背后蕴含的数学思想。这实际上是要求教师基于对课程

标准中课程内容的领会和把握，超越对教材内容的机械传递，创造性地、个性化地运用教材，设计自主灵动的教法，生成丰富多样的教学内容。教师要对整本书、整个阶段的数学知识点了然于胸，把这些知识点看作美丽的珍珠，用一根“思”线把它们串成美丽的“项链”，突出数学的本质，渗透数学的思想方法。

由教师提供基本图形，引导学生添加条件，不断发现问题，解决问题，并把复习的知识点融入其中，拓展其广度与深度，这种在原有基础上的创新，可以让不同层次的学生都能得到发展和提升。对于学生预想不到的方案，教师采用留白的形式，只提供题设或只提供结论，让学生尝试猜想，发现问题，解决问题。

培养学生数学核心素养，在教学中要以学生为主体，尊重学生个体认知的差异性，并充分发挥学生群体学习合作的作用，充分体现课堂的自主性、开放性、拓展性，让各层次的学生积极探究，自主发展。因此，教师在教学过程中要积极提供自主探究的舞台，促进学生自主学习。让学生用数学的眼光去发现问题、提出问题、解决问题，在自主探究中不断提升数学观察能力及表达能力，并在合作与交流中不断创新，获得成功体验，提高自主探究的兴趣。

基于学科核心素养的教学过程，其关注的焦点知识，能力，情感、态度和价值观转向了素养，其根本的意义就在于教学活动不再是单纯的知识传输，而是能力的培养，并且是情感、态度和价值观升华的过程，是师生互动、教学相长的过程。在这个过程中，教师的教不再局限于给予学生完整的知识体系，而时刻体现为对于学生核心素养的培育与关切；学生的学也不仅仅局限于再现和理解教师教授甚至灌输的知识，而主要体现为通过参与课堂互动呈现素养提升，以这一理念为指导的教学过程，不再是单向性的，而是综合性培养。这种综合，是教与学的综合，也是基于学科核心素养的综合。只有充分发挥教师的主导作用，让学生的主体地位进一步彰显，让他们在主动参与的过程中充分发挥优势，才能真正实现素养的提升。有了这样的理念支撑，教师敢放手，学生爱参与，课堂一定会有惊喜。从教学方法的探索来说，基于学科核心素养的教学追求更为灵活、开放的探索。只有经历了这样的改变，才能将学科核心素养的要求变成充满生气的课堂，也才能让学生们有更多的兴趣和热情投入学习，在自主探究的过程中得到综合素养的培养。这实际上是给广大一线教师，开拓了展现才华的空间，让他们在面对学生的时候能有更多的机会和手段去发现和实践适合自己教学风格的方法，更好地完成育人任务。

第二节　以核心素养的基本理论革新传统教学模式与课型

一、以核心素养的基本理论革新传统教学模式与课型的问题

数学是打开科学大门的钥匙，为其他科学提供了语言、思想和方法，是一切重大技术发展的基础，也是人们生活、劳动和学习必不可少的工具。数学在提高人的推理能力、抽象能力、想象力和创造力等方面有着独特的功能。数学教育就是要使学生理解和掌握基本的数学知识与技能及数学思想和方法，得到必要的数学思维训练，获得基本的数学活动经验，让学生在掌握知识的同时，能够将教材中潜在的知识思维规律转化为学生的思维意识，从而发挥知识的实用价值和智能价值，进而充分调动学生的思维活动。所以，教师要通过创设有利于学生思维发展的学习情境，提供富有思考价值的问题，开展具有积极意义的实践操作活动，有效激活、正确引导和有序发展学生的数学思维，培养学生的数学核心素养。

以核心素养基本理论革新传统教学模式与课型，需要注意以下几点：

（一）基础性

基础教学阶段，学生的首要任务是理解和掌握数学的概念、原理和方法体系，通过技能训练提高质量，这也是提高学习数学的兴趣，增强学好数学的自信心的基础。为此，在学生的学习过程中，教师要让学生理解和掌握基本的数学知识与技能及数学思想和方法，得到必要的数学思维训练，获得基本的数学活动经验，形成牢固的“四基”平台。对于夯实“四基”，首先要营造和谐愉悦的教育环境，灵活选择教学方式，让学生趋向鼓舞的环境，心中喜悦，在课堂上自觉主动参与，活泼生动展示，情智互动生长。其次，可以采用“限时控量，当堂训练，当堂批改点评（教师批组长，组长批同学），当天订正”的方式，封闭“练、批、评、纠”四环节，做到“今日事，今日毕”。这对于提高教学质量是十分有效的，因为当堂训练中学生反映出来的问题具有及时性、真实性、客观性，教师可以从中及时掌握学情，根据学情改进教学，让学生暴露的问题及时得到解决，后进生也可以得到及时的关注和帮助，不至于问题越积越多。而对家庭作业，有些学生除

了独立完成外还可以借助网络的帮助完成，但是，反映出的学习情况真实性要差些，而且缺少当堂训练那种紧迫感和效率意识，不利于教师对学情的掌控。

（二）自主性

新课程要求教师在教学中以学生为主体，尊重学生的个体认知差异，充分发挥学生群体学习的作用，充分体现课堂的自主性、开放性和拓展性，让各层次的学生积极探究，自主发展。因此，教师应在教学过程中根据教学活动安排的不同需要，适时创设适合学生、适合课堂自主探究的教学情境，以形成自主探究的氛围，给学生提供自主探究的舞台，积极引导，启发想象，鼓励学生发现问题，提出问题，进而激励其自主探究；重视试题背后知识点的总结，努力培养学生对知识点的归纳总结能力，巩固提高，深化学生自主探究；培养学生将学到的新知识、新方法用于解决实际问题的能力，以巩固学生知识的正迁移：努力让学生在自主探究中获得成功体验，提高自主探究的兴趣。

（三）浸润性

蔡元培先生说过：“教育者，非为已往，非为现在，而专为将来。”，虽然在工作中可能不会直接使用他学过的数学知识，甚至会忘记所学过的数学知识，但是，深深铭刻在他们头脑中的以数学精神智慧为内核的数学品质却会随时随地发生作用，并因此使他终身受益，而这一切靠的是数学文化的熏陶。文化植根于人类灵魂深处，是长期的历史积淀，数学作为人类思维和人类智慧的精华，位于人类文化的核心。从文化的角度和高度，引导学生亲近数学，理解数学，赏玩数学，领略数学文化的魅力，认识数学的文化价值，具有重要的现实意义。而数学文化品质体现在两个方面：一是求真精神，即追求真理、坚持真理和去伪存真的精神，包括自信、毅力、批判性等良好品质。二是真、善、美的价值观念，即执着寻求各种事物关系中的和谐性、简单性与普适性的观点与信念。阅读科学发展史就能发现，许多作出重要贡献的科学家与科学工作者都具有坚定的求真精神与真、善、美的价值观。

关注文化浸润，可以在数学教学中融入数学史，让学生体会数学知识丰富的历史内涵和祖先的聪明智慧，增强民族自豪感；可以揭示知识的产生背景及概念的形成、发展过程，让学生体会知识背后的艰辛求索和思维的严谨缜密；可以学以致用，解决生活中的实际问题，让学生体会数学的应用价值；可以品味数学文字的简洁，图形的对称，让学生感受数学之美；可以回顾数学知识的发现之旅，让学生享受成功的体验，传承文化；可以引导学生去探究数学现象，发现数学规律，解决数学问题，领悟数学奥秘，感受数学价值。总之，数学教育要注重在看似静态的数学知识背后挖掘潜在的数学文化教育资源，强化数学文化的教育功能。

（四）情感性

数学素养是现代社会每个公民都应该具备的基本素养，它不仅包括认知层面的数学能力，也包括非认知层面的情感与态度。积极的数学情感有助于学生更从容地迎接数学问题的挑战，更专注于数学活动，从而有助于数学成就的提高。积极的数学情感与优良的数学成就之间形成了良性循环，数学家们的数学情感也进一步激励他们在数学这一职业生涯上不断发展，很难想象一个人有较高的数学素养却讨厌数学会是什么样子。当然，学习数学未必要成为数学家，学习数学也并不意味着今后要直接应用数学，数学学习更多的是要培养和谐的、有思想的、有责任心的人。作为一个“和谐”的人，其心理表现与积极的数学情感的具体表现是相吻合的。数学情感素养是指这种积极的数学情感表现，包括对数学知识的认同感、信任感和审美能力，在数学学习中的好奇心、求知欲和喜悦感，以及对从事数学研究者的亲近感。

二、核心素养的基本理论革新传统教学模式与课型的措施

以核心素养的基本理论革新传统教学模式与课型，可尝试如下操作：

（一）基于学科核心素养建构“习、议、试、展”课型

刚进初中的时候，学生学习积极性较高，他们遇到学习上的问题时常常三五成群地来找教师求问，如果教师不直接回答，而是让他们自主探究，合作解决，久而久之，学生在潜意识中就会形成“自己能够学好”的观念，就能逐渐摆脱对教师的依赖。通过这样的学习形式，学生中会形成一种自主探究、互相帮助的风气。学生就是最宝贵的教育资源，教师的主要工作就是发动学生自主学习，组建学习小组，在整体上规划好学习内容，让学生在独立探究后开展小组讨论，教师适时点拨引领，最后是当堂训练，反馈学习效果。这就是以学生为主体、教师为主导、训练为主线的生本课型。

数学教学是基于学生的已有经验，创设新知识的学习情境，让学生在各类活动中自觉体验与感悟，通过发现一切有待探索的问题，细心观察、深入思考、变换视角、突破条框的学习状态，有效促进学科素养的形成，然而长期以来，不少课堂沿着知识点、例题、练习的思路去教学，僵化了知识的传授和素质的培养方式。教师的教学观念和教学方式是影响学生数学学习的主要原因，要改变这种情

况，首先，教师一定要立足于学生的学习来设计教学过程，要意识到数学素养不能靠教，而要着眼于学生的学，让学生在“做中学”。其次，要用系统的观点来看待课堂，要改变把课堂教学看作线性的知识传授过程的传统教学习惯，要把课堂教学看作多维的“块”状教学结构，以个性化学习理念为主导，通过数字媒体、小组合作等多种形式，建立一种学生自主学习的新模式，强调学生学习的多样化和个性化。

（二）基于学科核心素养建构自探实践式课型

数学课程不只是向学生传授作为科学的数学内容和方法，还要把数学作为人的发展的一般动力来对待，要从学生今后的成长和发展的角度来考虑数学教学问题，从提高学生全面素养的高度来认识数学教学，培养学生终身学习的能力。尝试自探实践式课型，是让学生在学科领域内或现实生活情境中选取某个问题作为突破点，凭借已有的知识、生活经验和学习方法自主探索，通过质疑、发现问题、分析研讨、表达与交流等探究活动，启发情趣，获得知识，从而激发学生的学习兴趣，增强学生学好数学的信心，促进数学核心素养的培养。

数学学习是基于已有知识和经验的主动建构，是在原有知识的基础上形成、拓展、验证和修改的方式，是一个前后紧密联系的，新旧相连接的，动态进步的过程。在这一活动过程中，学生与教材（文本）及教师产生交互作用，形成数学知识、技能和能力，发展情感态度和思维等方面的品质。由此可见，提供现实的探究话题是促进学习意义建构的重要一环。在自探实践式课型中，通过给学生呈现一个话题，把学习带入一个有真实意义的问题解决活动的情境中，能够使学生学会洞察所学知识与其相应的应用机会之间的关系，从而使学生认识到知识的实践性和利用知识去理解、分析、解决真实世界中的问题的必要性，学生对所探究话题的认知就自然而然地发生了，也从中学会了如何正确地对待知识，包括知识价值观。

（三）基于学科核心素养建构活动教学

为了适应 21 世纪对人才的要求，全面实施素质教育，突出新一代学生的创新精神和实践能力，教师要适应时代的要求接受新观念，用新的思想来指导自己的教学。而活动教学作为教学实践中落实素质教育目标的有效途径，已在国内外教学实践中得到广泛的应用。数学活动教学是指在数学教学过程中，建构一种具有创造性、教育性、实践性的以学生主体活动为主要形式，激励学生积极参与、主动思考、主动实践、主动探索和主动创造为基本特征，以促进学生创新精神及提高学生整体素质为目的的一种新型教学观和教学形式。让学生自主地参与数学教学活动，灵活地运用数学知识，使其数学核心素养得到充分地发展，对数学活动教学的研究与实践有深远的意义。

活动教学具有的动、看、问、想、说、议、辩、理、试等环节，常以问题作为教学的核心内容，以问题的解决和在解决问题过程中发展学生的学习能力为主要目标，教师引导学生在解决所面临的问题过程中主动获取和运用知识、技能，培养问题意识，即发现问题的习惯和分析、解决问题的能力，进而激发学习动机，增强数学学习的自信心和主动性，提高自主学习能力。活动教学主要包括三个层面：一是在问题引导下的学生自学过程；二是学生提出问题、小组讨论问题、组间展示问题的聚焦过程；三是师生解决问题、明确知识框架、巩固所学内容的认知建构过程。问题导学的主要意图不是解决问题，而是让学生发现问题，在发现问题的过程中完成自学和交流，把不同的问题解决在不同的层面；寻找问题，聚焦难点和疑点，在问题的提出、讨论、解决的过程中，培养学生学习的自信心和主动性，引导学生学会自学、合作、探索。

第三节 “生本课堂”向“自本课堂”转化的教学模式

一、从“生本课堂”向“自本课堂”转化

从生本课堂走向自本课堂，是课堂教学模式的再一次升级换代。以教师为中心、以课本为中心、以教为主的课堂称为师本课堂。以先学后“交”，“交”后再教，以学为主，关注教学意义的课堂称为生本课堂。生本课堂本身也在不断丰富、完善、优化、提升。从师本课堂走向生本课堂，是课堂的一次跨越。生本课堂中的“生”，大多指的是班级学生这个群体，即以群体学生为本，以假想化、符号化的抽象学生为本。而自本课堂中的“自”，指的是每一个学生，以每一个学生为本。从以教为中心、以学为中心进入教中有学、学中有教、不分彼此的“第三种教学关系”，课堂实现了促进个性化学习的一种混合式学习。自本课堂有效放大了教师和学生共同作为学习者的特征，进而使师生进入“新学习时代”。主

要体现在如下转变：

在学习目标方面，要在落实三维目标的基础上关注学科核心知识结构，关注师生课堂创生知识；在重视认识技能的基础上，关注对非认识技能，如社会情绪、团队合作、可迁移技能等的挖掘、掌握；让学生经历真实的探究、创造、协作与问题解决过程，发展学生的数学核心素养。

在学习内容方面，要致力于用具有挑战性的真实任务情境（从形式上，更多的是对现实生活的模拟、仿真）呈现学习内容和任务，让学生经历典型的学科实践过程，增强程序和模型意识，形成相应的思维方式、实践能力和责任担当意识。

在学习方式方面，要积极探索项目学习、跨学科主题整合、真实情境的实践活动等课堂模式。

在学习方法方面，要学会在基于个体的学习方面上实践，基于标准确定目标的自主学习，要基于学习路径给学生提供工具、模型和脚手架。每一种知识都应该关注两类结构，基本概念结构与方法程序结构。以结构为载体，帮助学生掌握学习某一类知识、解决某一类问题的思维方式和方法，帮助学生掌握主动学习的工具。

在学习评价方面，要借鉴专家意见，根据（跨）学科素养描述的不同等级水平，根据水平设计不同类型试题。要注意三个方面的问题：一是体现真实生活情境的创意与结构化设计；二是涵盖系列推理链的能力；三是形式多样化，体现不同能力的多重组合。

二、“生本课堂”向“自本课堂”转化的教学模式分析

（一）以教学方式的改革来体现自本课堂

对于复习课，学习者不仅要掌握知识点，还要能找到这些知识点间的前后联系，这就需要有一个整体的大知识观，由这个大的知识观产生的大教学观，就是主题式教学方式。教师要根据学生的认知能力和知识自身的逻辑规律，不断挖掘和整合教材，按照一系列的主题进行教学，让学生认识到模块与模块之间的内在关系，让知识形成大的模块，从见树木到见森林，再从见小森林到见大森林。

要实现这样的课堂，教师应把握好四个方面。首先要求心中有题海。复习课通过对基本图形进行开发和利用，即兴变化条件，生成结论，从而促进学生思考，对教师的应变能力和教学基本功提出了很高的要求。所以，教师平时要注重题型的收集、归类与整理，加强解题基本功的训练，熟知与复习内容相关的题型，善

于一题多解，一解多题。其次要求胸中有“知识”。备课先备“生”，该课型相对灵动，不按部就班，关键取决于学情。同样一张基本图形，在初二上半学期与下半学期乃至初三复习阶段挖掘的深度和广度各不相同，所以，对学情的把握非常重要。再次，教师在课前对教学内容要有清晰的思路。教师提供基本图形之后，哪些地方应该浓墨重彩，泼洒开来，议议生“慧”，哪些地方应该轻描淡写，一带而过，浅尝辄止，哪些地方设计为“丘”，拔高难度，让学有余力的学生攀登高峰，哪些地方勾勒出“壑”，滋润众“生”，让每个学生都能通过基本图形系统地梳理知识等等，都要有明确的预案。最后，要注意生成有度。新课程倡导生成，但并不是片面追求生成，不是漫无目的地脱离数学文本的生成，更不是一种什么都对的“舍本逐末”式的生成。生成应当紧扣教学目标，否则容易信马由缰，影响教学目标的达成。因此，在顺应学生的生成中，教师要有所选择，要有适时、适度的“价值引领”，对那些无关的、意义不大的、没有多大价值的生成可以一笔带过，对那些有研究价值的生成，要引导学生深入探究。对于学生意想不到的方案，教师可采用留白的形式，只提供题设或只提供结论，让学生尝试猜想，发现问题，解决问题。

这种教学模式不但对数学学科，而且对其他学科实施自本教学模式也具有很好的启发、借鉴作用。

（二）以课程实施的分层来体现学习的“自本”

分层教学是教育家孔子“因材施教”理念的一个具体范式，是承认学生的差异性，对学生实施差异教学的一种模式。它是指教师以班级为单位，根据学生现有的知识、能力和潜力等因素，把某些方面水平相当的学生归结为一个层次并分配在不同的小组内，然后再通过一定时间的观察、研究、检测进行适当的调整。在比较稳定之后，教师分层设定教学目标、分层实施教学、分层评价，以满足不同层次学生的学习需求，从而使教学更加符合学生知识和能力接受的需要，使不同水平和有不同特点的学生在合作中相互促进，使所有的学生都获得充分的发展。

一是了解差异，预设分层。对学生恰当分层是实施分层教学的基础。首先，教师要做充分的调查工作，在学期初，可以对任教班级学生的学习成绩、学习态度、平时表现、智力因素、学科素养、学习习惯、学科基础以及学习潜力等具体情况进行深入了解，以此为基础，教师将各个层次的学生进行组合搭配，分成若干个学习小组，这些小组也将成为今后数学活动的小组。这样的分层可以使小组成员分工合作，互相帮助，以便有效地进行分层教学。

二是做好分层备课。分层备课是搞好教学的关键。教师应在吃透教材、大纲的情况下，按照不同层次学生的实际情况，因材施教，设计好分层次教学的全过程。确定具体可行的教学目标，分清哪些属于共同目标，哪些不属于共同目标。

三是做好教学分层。教学分层是课堂教学中最难操作的部分，也是最富创造性的部分。因此，我们在课堂教学中应采用低起点、缓坡高、多层次、立体化的弹性教学，采用不同的教学方式。

四是要求练习分层。分层练习是分层教学的核心环节，其意义在于强化各层学生的学习成果，及时反馈、纠正，检测学习目标的达成情况，把所理解的知识通过分层练习转化成技能，反馈教学信息，对各层学生进行补偿评价和发展训练，达到逐层落实目标的目的。因此，教师要在备课时，针对学生实际和教材内容精心设计编排课堂练习，或重组教科书中的练习，或重新选编不同层次的练习。在选编三个不同层次的练习时，必须遵守基本要求一致、鼓励个体发展的原则。通俗点就是“下要保底，上不封顶”。

五是开展分层评价。分层评价是实施分层教学的保证。对不同层次的学生采取不同的评价标准，充分发挥评价的导向功能和激励功能。总之，通过作业评价、课堂学习评价、测试后评价等充分调动各层次学生学习数学的情感、意志、兴趣、爱好等多方面积极因素，促进智商和情商的协调发展，以期大面积提高数学的教学质量。

陶行知先生说过：“人像树木一样，要使他们尽量长上去，不能勉强都长得一样高，应当是立脚点上求平等，于出头处谋自由。指向核心素养的分层教学，定位于不同层次的教学目标，结合不同层次的教学活动，加上教师不同层次的评价，充分体现了以人为本、因材施教和面向全体的原则。那些接受能力强、有潜力的学生可以不受基础差的学生的影响，通过教师的培优得到发挥，成为学习尖子，成绩更加稳定而突出；而基础差的学生通过教师和同学的指导和帮助，也得到了充分发展，不断增长学习兴趣和积极性，获得成功的体验。分层教学使每个学生在各自的“最近发展区”内都有所收获，在自己能力范围内都得以提高，并且能个性发展，让数学的自本课堂教学发芽生长，生枝散叶，开花结果。

（三）以课程创生来实现与丰富自本课堂

数学核心素养不是直接传授给学生的，体验真实的生活情境在以核心素养为本的教学中有非常重要的价值。因此，数学教学要以核心的数学问题、知识、思想方法为载体，经过学生的自主学习、内化而获得。课程创生切合数学核心素养培养的需要，成为课程研究中不可逆转的一个发展趋势。课程创生认为课程实施过程本质上是教师和学生在具体教育情境中共同合作联合创造新的教育资源的过程，强调真实情境的教学，通过实验教学、学科活动、社会实践等活动，开展探究学习、合作学习和自主学习，让学生的亲身经历与学科知识建立联系，真正体验到知识的应用价值。

在数学学科中整合综合实践活动，不仅丰富了数学学科的内涵，而且为数学教育注入新的活力。数学教师要运用新课程的教学理念，把数学学科的知识整合到学生的综合实践活动中去，用综合实践活动去拓展学生的知识，实现理论与实践的统一，真正赋予课堂教学生活意义和生命价值，把学生培养成学习活动的个体、个体生活的主体和社会生活的主体。

课程创生使新课改所设置的综合实践活动找到落实和操作的适用方式。综合实践活动课程没有教材，没有教参，只有弹性化的指导纲要，其弹性化表现为只在宏观层面上规定综合实践课程在基础教育总体课程结构中的比例、目标、内容范畴和基本实施形式，而微观层面的主题领域、具体内容、活动类型、活动方式等则由学校和教师根据本校实际情况生成。课程创生促使学校和教师充分发挥创造性和主体性，挖掘和整合各种可利用的课程资源，收集相关课程材料，设计恰当的综合实践活动主题，从而使学生在自主探究和合作学习中去发展创新精神、探究意识和合作能力。课程创生在改造课程的客观世界的同时，也在改造着教师和学生的主观世界，使他们的精神得以提升。由此可见，课程创生使课程的发展、教师的发展、学生的发展有机地融为一体，把数学的核心素养真正贯彻到教育教学中，体现以人为本、以生为本、以学为本的思想，让学习者真正形成适应终身发展和社会发展的必备品德和关键能力。

第三章　基于核心素养的初中数学课堂教学与进展

第一节　初中数学课堂教学设计

一、初中数学课堂教学导入设计

课堂是教学的主阵地。课堂教学的好坏直接影响学生学习的效果。在新课程理念下，有效的数学课堂教学要以学生的进步和发展为宗旨，教师必须具有“一切为学生发展”的思想。因此，在教学中教师应根据学生和教学内容的特点，讲究教学策略，钻研教材，精心设计、灵活组织学生的活动，课后要进行教学反思，才能逐步克服低效和无效的课堂教学，从而提高课堂教学的有效性。

（一）实例式导入

实例式导入是通过分析与教学内容相关的生活实例，并从中归纳出某种规律来导入新课的方法。这种导入强调了实践性，能使学生产生亲切感，起到触类旁通的作用，同时让学生感觉到现实世界中处处充满数学。实例式导入特别适用于对抽象概念的讲解。

（二）史实式导入

现行初中数学教材中，有很多内容都与数学史有关。因此，在讲授这些知识时，可首先给学生介绍一些相关的数学史实，以提高学生的学习兴趣，培养学生对数学的探究精神。

（三）活动式导入

活动式导入富有启发性和趣味性，能够通过演示、观察、实验等帮助学生运用表象激发思维，促使学生建立符号表象，使学生更容易理解抽象概念。在数学课堂中运用活动式导入能活跃课堂氛围，提高学生学习的积极性，产生良好的教学效果。

（四）设疑式导入

设疑式导入是教师通过设置疑问，来激发学生的求知欲，引发学生积极思考，寻找问题答案，从而引出教学主题的导入方法。设疑式导入要根据教学重点和难点，巧妙设疑。所设的疑点要有一定的难度，要能使学生暂时处于困惑状态，营造一种“心求通而未得通，口欲言而不能言”的情境，还要善问善导，注意激发学生的思维。

（五）审题式导入

审题式导入是在课堂开始时，教师直接板书课题，通过引导学生探讨、分析课题完成导入。审题式导入开门见山，教师针对课题精心设计问题，既突出了主题，又能使学生思维迅速定向，迅速进入新课学习中。教师在导入过程中要善于引导，使学生朝着一定的方向思考。

（六）类比式导入

类比式导入是通过比较新教学内容和与其相似的教学对象之间的共同属性来导入新课的方法。教师通过挖掘教材中可作类比的内容来导入新课，能培养学生的推理能力，使学生学会运用类比的方法去分析和解决问题，从而提高学习的积极性。类比式导入一般选取已知的数学对象进行类比，这样的引入较为自然。导入技能应注意时间合理、目的明确、富有启发性等问题。教师善“导”，学生方能“入”。

二、初中数学课堂教学模式

（一）“引导——发现”模式

新授课一般采取“引导——发现”模式。在这种模式中，教师不是将知识直接灌输给学生，而是精心设置问题，引导学生不断思考，激发学生的求知欲，学生在自主探索、分析和解决问题、合作交流的过程中逐渐掌握新知识，进而提高学生的创造性思维能力。

1. 创设情境

教师通过分析教学内容的重点和难点，精心设计问题，创设问题情境，引导学生进入课堂学习氛围，引起学生学习的欲望。根据不同的教学内容，设计的问题可以是经过交流基本能解决的问题，也可以是虽然不能完全解决，但可以设计出解决问题的方案或引起认知冲突的问题。

2．探究尝试

在探究尝试环节中，教师引导学生通过分析、观察、归纳、总结、推理等方法去探索与研究，逐步解决课堂设计的问题。教师在探究尝试环节中应主动参与，对学生加以调节和引导，使问题不断深入，启发学生的主观能动性，使学生积极参与，真正学会数学思维的过程。

3．解决问题

在解决问题的环节中，教师应围绕教学重心，科学设置问题，引导学生积极思考，分析和解决问题，进一步掌握所学知识，提高运用知识的能力，然后教师根据学生的反馈信息，有针对性地进行讲解。

4．巩固提高

教师通过对数学概念、规律、题目的形式等进行多角度的变化和延伸，编制具有开放性和探索性的问题，让学生探索、分析、交流，从而加深对知识的理解，培养学生的创新性思维。

5．反思升华

通过前面几个环节，学生对本节课的内容已经有了较为深入的理解。此时教师应引导学生进行反思升华，对知识进行整理和总结，对思想方法进行提炼。在这一环节教师应起引导作用，并尽可能地让学生进行自我总结。

（二）“整合——创新”模式

复习课一般采取“整合——创新”模式。学生复习的过程就是对已学知识进行整理、巩固和提高的过程。在这一过程中，教师应以学生的活动为主，充分发挥学生的主观能动性，发散学生的思维。“整合——创新”模式的特点是对学过的内容以问题的形式展开讨论，引发学生积极思考，学生在分析、探索和交流的过程中巩固知识与技能，培养学生积极思维的习惯，培养学生之间的合作学习能力。教师在“整合——创新”模式中应创设有利于学生主体发展的环境，使学生的创新思维得到充分发展。

1．知识梳理

复习课应引导学生对已学知识进行分类整理，可由学生自主整理知识，也可由教师出示问题，让学生回顾已学知识，从而加深理解。知识梳理可让同学通过回忆、思考等方式，把单元知识结构化，建立自己的知识系统。

2．归纳质疑

在学生构建知识系统后，教师应指导学生归纳总结单元的数学概念、数学规律、数学思想、解题技巧等，组织学生质疑答辩、互助评价，培养学生的归纳总结能力。在归纳质疑环节中，教师选取典型题、变式题和易错题，查找学生的薄弱环节，让学生克服思维定式，通过对问题的分析，引导学生抓住知识的重点，补充对问题解决的认识和方法。

3．思维训练

在思维训练环节，教师根据单元知识，精心设计题组，如概念题组、易错题组和方法题组等进行思维训练。教师应注意问题的层次性，灵活变换问题形式，营造问题情境，以调动学生的积极性，发散学生的思维，培养学生自主探索、分析、研究的能力。在问题处理后，教师还应留给学生足够的时间进行反思。

4．数学交流

数学交流环节要求学生全员参与，充分发挥学生的主体作用，学生应积极发表自己的见解，在相互交流中不断修正、完善自己的观点，通过交流归纳出规律、方法、技巧等，为应用创新奠定基础，使发散思维得到充分训练，提高学生分析信息、处理信息、交流合作等能力。

5．应用创新

在传统复习课中，教学模式主要为“模仿——重复”，教师示范、学生模仿、如此反复练习，但机械的训练缺乏独立思考，不利于培养学生的思维。复习课应进行延伸，以体现复习课的发展性和灵活性，培养学生的创新意识和应用能力。“整合——创新”模式中的应用创新主要以开放性问题、一题多解等为主，同时展示共性或典型的问题。教师在应用创新环节中应注意提升问题解决的广度和深度，调动学生的求知欲望，发挥学生的主观能动性。

6．整合完善

在整合完善环节，教师通过整理共性问题和易错问题，出示针对性问题进行矫正补偿，进一步完善所复习的知识，培养学生的分析、归纳和综合能力，达到复习的目的。真正的学习是融会贯通，创造性地学习。整合完善要求学生自主完成，形成知识方法体系，让学生学会学习。

（三）“反思——诊断”模式

讲评课主要采取“反思——诊断”模式。讲评课将考试评价与课堂教学有机结合，针对数学测验后的学生反馈情况，在教师的组织安排下，让学生自主纠错，使学生清楚自己存在的问题并及时纠正。在相互交流中，学生之间相互取长补短，从而进行自我反省，找出认知差距所在，激发学生对数学的学习动力，培养学生的自学能力。

1. 统计分析

在讲评课之前，首先应对学生的答题情况进行统计和分析。统计应以全班学生为样本，统计平均分、及格率、优秀率、各题的得分情况。分析试卷应注意以下几点：第一，分析学生失分较为严重的题目，教师应详细讲评；第二，重点讲评试卷考察的重点和难点；第三，分析标准答案和评分标准。同时教师还应注意在讲评时穿插哪些补充内容。通过统计与分析，教师才能有的放矢、对症下药。

2. 自我反思

根据试卷的完成情况，要求学生进行自我反思，检查自己的错误，分析错误的原因，并通过查阅课本解决问题。教师应了解学生的问题解决情况，让学生总结解决问题时用到的方法、规律和策略，对学生在学习方面存在的问题提出改进措施，教师在这一过程中应对学生加以引导。

3. 小组诊断

对学生自查不能纠错的问题，提交小组讨论，通过组内同学的讲解和研讨，尽量解决所提出的所有问题。这样既能推动学生积极参与，又能培养学生乐于助人的精神，还能训练学生语言表达能力，增进同学间的交流和友谊。

4. 集体诊断

在集中诊断环节，教师应给予学生表述自己思维过程的机会，找出共性问题和差异问题，启发学生寻求解决问题的方法，通过解答，追溯误区，弥补学生思维缺陷。教师应让学生对试题自我评价，同时教师应注意总结，提升问题解决的广度和深度。

5. 补偿深化

试题由于受考试卷面和时间等的限制，不能涉及所学的全部知识，命题者往往以点带面考查学生对知识的掌握程度。因此，教师在讲评时不能就题论题，对学生出现的问题，应进行针对性的补偿深化，通过变式训练，多角度分析问题，开拓学生的思维，活化学习过程，尽可能地建立知识间的联系，从而优化解题方法，提高学生的数学能力。

6. 归纳总结

一份试卷讲评结束后，并不意味着学生已经完全掌握所有的知识。因此，教师还应进行归纳总结，做巩固加深的工作。教师可以根据学生在试卷中出现的问题精心设计练习题，当堂反馈补救，还可让学生自己设计一份试卷，以便课后复习巩固。另外，教师应让学生建立错题档案，将知识性错误整理到错题本中，时时不忘归纳整理，构建知识结构。

三、初中数学课堂教学活动设计

（一）教学活动目标

优质的数学课堂教学，需要好的教学情境为课堂造势，同时，也需要好的数学活动为课堂造力。在课堂上落实数学核心素养，需要谋划好数学课堂教学活动。不同学生在参与同一数学活动时是有差异的，他们已有的数学知识、经验，他们对数学的态度等，都会在他们参与数学活动的兴趣、过程及结果等方面产生直接的影响。数学活动的主体是学生，学生参与活动的方式方法多样而灵活，应为他们提供自由活动的空间和时间。

目标一般有两个含义，一是指射击、攻击或寻求的对象，二是指想要达到的境地或标准。对于数学活动来说，活动目标的含义更多是指第二种，即活动最终能解决问题及问题解决的质量。一般情况下，数学活动目标是在课程标准的指导下，由教师根据课程标准的要求，综合教学任务过程中学生的具体情况及教学环境等诸多因素来确定的。简单地说，活动目标是由课堂具体的教学目标确定的。每一个课堂活动，都承载着相应的具体的课堂教学目标。因此，目标的确定，决定课堂活动设计、组织与实施的方向与质量。

与课堂教学目标设计相类似，数学活动目标的设计应基于课堂教学目标的要求，围绕达成课堂教学目标而展开。因此，在进行课堂活动目标的设计时，要在课程标准的统领下，对课堂教学目标进一步具体化分解，以保证当所有相关的课堂活动实施结束后，能达到或超过预设的课堂教学目标。

课堂活动目标的拟定，虽然不需要像课堂教学目标那样，明确地在教学设计中写下来，但也应如拟定课堂教学目标那样，预定清晰的、具体的、可检测的活动目标。这些目标应清晰地存在于教师的心中，并通过具体教学活动的实施而逐渐显现出来。很多时候，甚至还需要在课堂活动实施之前就让学生了解，让学生清楚活动所应达到的效果，并以此来评价课堂活动的效果，促进学生有效地参与数学课堂活动。有时虽然不需要明示出目标，但教师也需要了然于胸，以此来有意识地指导课堂活动的方向，在活动的最后，再根据预设的活动目标，检验与反思活动的质量。

让学生明晰活动目标，是使数学活动得以顺利进行、提高活动效果的前提，也是减轻学生参与活动的认知负担，提高活动兴趣的基础。当然，不同数学活动的目标是有差异的，就算对于同一个数学活动，由于不同的课堂整体教学目标，也是有区别的。在数学活动中，选择什么样的活动目标，在设计活动时就应分析拟定，并通过相应的具体的教学行为来保证活动目标得以顺利达成。

与课堂教学目标类似，数学活动目标也包含显性目标和隐性目标。显性目标一般是指知识与技能目标、过程与方法目标，对应数学核心素养中的数学知识与数学能力两个方面。它是可通过具体的问题解决来检测的。隐性目标一般隐藏在活动的过程中，并通过学生在活动中的具体行为表现而显现出来，可根据学生的具体行为表现及表现的水平来作出相应的水平评价，对应数学核心素养中的数学思考、数学思想与数学态度这三个方面。因此，活动目标的设计是促进数学核心素养在数学课堂教学中得以落地的重要因素。

在组织学生进行数学活动时，不仅要关注活动的结果，也要关注活动的过程，只有当数学活动的过程得到真正落实时，活动的预期目标才会如期而至。数学活动需要学生的真正参与，需要学生亲身经历知识的发生发展过程，探索问题的解决思路，并体验数学知识的意义。因此，与课堂教学目标类似，数学活动目标也包含过程性目标与结果性目标。过程性目标是指活动过程中，每一个活动环节所应达到的阶段性目标。而结果性目标是指整个活动结束后所应达到的活动目标。当然，具体数学活动的过程性目标与课堂教学中的过程性目标又有差异。课堂教学的过程性目标，更多是以经历、体验、探索等表示过程性学习的词来进行描述，而数学活动的过程性目标，更多是指在数学活动过程中，当活动进行到某一程度或某一阶段时所能达到的阶段性目标，更多的是以实验猜想、推理、验证、表述等词来进行描述。

在组织学生进行活动时，需要确保学生经历上述每一个环节的活动，并根据学生在每一环节活动中的具体表现而作出合适的评价。当学生遇到困难时，或学生的活动偏离目标时，教师或给出提醒，或给出指导，或给予具体支持，保证学生每一个环节都能顺利完成任务，达到预期的目标，从而保质保量、按时完成这一探索活动。

由此可见，一个数学活动，由一系列相关的具体的数学子活动组成，每一个子活动都包含具体的、可以检测的目标。教师在课堂上的组织者、引导者与合作者的作用的具体表现，是让学生达成数学活动中每一个子活动的目标，进而促进整个活动按预定目标进行，促进课堂整体教学目标的达成。

总的来说，课堂活动目标与课堂整体教学目标之间的关系，和课时目标与单元目标、单元目标与学期目标等之间关系是类似的。同时，它们又都为实现数学核心素养在促进学生全面发展中得以落地而服务。

（二）教学活动体验

体验到的东西使得人们感到真实，并在大脑记忆中留下深刻的印象，让人们可以随时回想起曾经亲身感受过的生命历程，也因此，对未来有所预感。进行数学活动的目的是更好地达成课堂教学目标，而课堂教学目标指向的应是学生数学课堂学习的效果。这效果不仅表现在学生能否获得有关的数学知识，而且还表现在学生在数学能力（包括运算能力、推理能力、空间想象能力等）方面是否得到提升，是否积极进行数学思考活动，是否能感悟问题解决过程中的数学思想方法等等。也就是说，课堂教学目标的指向，应是学生在数学核心素养上所发生的变化。而这些，需要学生真正经历数学活动的每一个过程，切身体验数学活动的每个环节，感受数学活动的魅力。

认知心理学认为，人的认知过程就是信息的接受、编码、贮存、交换、操作、检索、提取和使用的过程，强调人已有的知识、结构对他的行为和当前的认知活动起的决定作用。建构主义强调学生对知识的主动探索、主动发现和对所学知识意义的主动建构，指出学习是学习者在同化、顺应的过程中进行的。

这些理论，都突出学习主体在学习过程中的主动性所起的关键作用，突出学习主体在学习活动中的自我建构与切身体验。数学活动应该也必须是在教师的组织与指导下，由学生自身进行的做数学题的活动。让学生亲身经历数学活动的每一个过程，也就成为组织数学活动的价值取向。

体验，其价值不仅在于获得知识或技能，更重要的是获得研究数学问题的方法与经验，以及运用这种方法和经验去观察现实世界、思考现实世界、表达现实世界，让学生感受数学产生的偶然与必然，感受数学文化的价值，培育理性思维品质。

体验，意味着学生必须要参与。学生的主动参与是数学体验的标志。这种参与，不仅表现在观察与操作实验上，还表现在运算、猜想、验证、推理方面，更重要的是表现在数学思考方面。由此可知，学生体验的具体表现为做一做、算一算、想一想、说一说、写一写。做一做指的是操作、实验。算一算指的是运算，是对实验操作的结果进行运算，为能发现普遍的规律做准备。想一想，也就是数学思考，思考操作实验中所隐含的数学关系或普遍规律，思考是否还有其他可能的结果，为说一说做准备。说一说，也就是用语言表达出自己的想法，它是建立在想一想的基础之上的。说一说，意味着已有自己的观点、看法、思考，意味着自己的想一想不仅是抽象的，而且是具体的，能用语言表达、交流的。写一写，这是思维的结果，是理性思维品质的外在表现，是思维结果的外化，不仅需要深入地想想，而且要学会运用数学语言（包括文字语言、图形语言与符号语言）用符合数学语言表达的规则表征出来。因此，写一写不仅是概括思维的产物，而且是抽象与逻辑思维的结果。

当然，随着学生年龄的增长，学习经验的增加，数学思维水平的提升，很多时候，也需要想一想之后才做一做、算一算，在想、做、说中也需要加入写一写，以使自己的思维更具有逻辑性，使自己的表达建立在理性思维的基础之上，让思维的结果不仅是符合实际的，而且是符合逻辑的，是能反映数学基本规律的。

只有当学生意识到学习是自己的事情后，有效学习才会真正发生，课堂教学的有效性才能得到保证，数学素养才能得到真正落实。正如数学化是学生的而不是老师的，学习是学生自己的事而不是老师的事，体验也应该是学生的而不是老师的。体验只有在学生经历之后才变得真实。因此，课堂上教师必须给学生充足的时间与空间，让学生真正地进行做、算、想、说、写等数学活动。这样，学生才会明白知识的来龙去脉，才能让知识在自己的头脑中生根发芽，才能积累数学活动经验，提升数学素养。

（三）教学活动指导

数学活动中的“指导”，一方面如手机导航中的引导作用，更多的是一种活动的规则或活动的指引，是学生进行活动所遵循的“步骤”。例如，在进行“画出函数 $y=2x-3$ 的图像”这一活动时，教师可以边画图示范，边讲解，学生模仿教师的操作，根据教师讲解的程序或画图像的步骤进行画图。教师也可以给出画函数图像的步骤，让学生按步骤一步步地画出函数的图像。在这个活动中，教师的讲解示范或所给出的画图像的步骤，发挥的就是一种“向导”的作用，引导学生按画图像的规则画出该函数的图像。

数学活动中，教师的“组织”作用主要体现在：根据课堂教学目标、活动目标设计好数学活动的内容，以及开展数学活动的流程；根据课堂活动的开展情况，对学生的数学活动过程进行调节，促进活动朝着目标方向发展。前者指向的是教师对数学活动的课前预设，它需要回应的是“组织什么样的活动”“为什么要组织这样的活动”，以及“如何组织活动”等问题。这与课堂教学设计中预设“教什么”及“怎么教”相呼应。后者指向的是数学活动的课堂生成，它需要回应的是“活动偏离了预设该怎么办”等问题。前者有利于提升活动的效率，保证活动的效果，后者有利于提升活动的效益，两者形成合力，才能促进数学活动的有效开展，提升数学活动在培养学生数学素养中的作用。

教师在数学活动中的“引导”作用主要体现在：通过问题驱动来激发兴趣，引发数学思考，促进活动步步递进、层层深入，即通过适当的示范或问题启发，帮助学生顺利开展活动，引发学生从活动中发现问题；通过适当的问题，激发学生对操作实验进行数学思考，引发学生从活动中提出问题；通过适当的问题，激发学生对问题进行分析思考，引发学生获得问题解决的方法；通过适当的问题，激发学生对活动进行反思，形成数学基本活动经验，发展研究数学问题的能力。可以发现，教师在数学活动中的“引导”是以问题为载体，以问题为驱动，以培养学生数学地观察、数学地思考、数学地表达为目标，层层递进，融为一体。

教师在数学活动中的“合作”作用主要体现在：营造一种安全、自由的活动环境；适度参与学生的数学活动，与学生共同探索；与学生共同分享探索成果，鼓励学生反思探索失败的原因。合作，要求教师成为学生进行数学活动的伙伴，有始有终地参与到整个活动中去。但与此同时，教师又不能把自己完全当成学生，在活动中“抢了学生的风头”，而是要把学生推到活动的前台，把自己隐身于幕后，在后面发挥助力器的作用。当需要时，教师及时出现，给予适当的指导，激励学生不断探索。

（四）教学活动的收获

任何一个完整的数学活动，都是由若干个子活动、若干个活动步骤所构成的。每一个子活动目标的实现、每一个活动步骤的顺利实施，都在一步步地接近活动的最终目标。因此，每一个子活动的实施过程，每一个活动步骤的操作过程，都体现已有数学知识的不断运用并且有可能产生新的数学知识；每一个活动步骤都是数学能力的强化以及新的数学能力的形成，都是学生数学思考的结果，同时也在提升学生的数学思考能力；每一个活动步骤都能反映学生主动参与数学活动的态度以及不断追求活动最终目标的勇气与信心。因此，数学活动的收获，学生数学素养的提升，不仅来自经过数学活动后获得的预期结果，也来自活动过程的本身，它隐藏于活动的过程中，在整个活动的每一个环节都有体现。

在学生进行数学活动时，教师需要睁大发现学生优点的慧眼，及时发现学生在活动过程中得到的步步逼近活动目标的探索结果，及时发现学生在活动过程中所出现的“意外”及“创新之处”，并将这些信息以合适的方式及时传递给学生，让学生能真正体会到学有所得，学有收获，从而树立继续向前探索的信心。

解题活动的“收获”不仅仅在于正确解出问题，如果仅局限于得到答案，那么，解题过程中的“一路风景”便被错过了，这无异于“入宝山而空返”。因此，反思解题的得失，分析原来解题中遇到的困难及其原因，以及之后顺利“突围”的方法，对培养学生解题能力与解题经验来说，非常重要。之后，寻找不同的解法，也就是一题多解，从不同的方向与路径去解答同一问题，也是对不同知识的一次全面性的复习。在此基础上，再反思不同解法之间的内在联系，可帮助学生自主建构不同知识点间内在联系的认知图式，帮助学生实现对知识的结构化、整体性认识。这正是教师在数学活动中所需要发挥的引导作用，也即数学活动的价值之所在。

四、初中数学课堂教学情境创设

（一）生活性教学情境

寻找、挖掘学生现实生活中与当下课堂教学密切相关的数学素材，经过合理的加工形成课堂教学情境，进而将教学情境改造成课堂教学内容，努力与抽象的数学教学内容实现联结，让学生认识到现实生活中蕴含着大量与数量和图形有关的问题，这些问题可以抽象成数学问题，用数学的方法予以解决。教师在整个数学教育的过程中都应该培养学生的应用意识。让学生真正经历从现实生活到数学化的过程，帮助学生直观地理解数学知识。

在引入负数的概念时，就可通过图片、表格等形式，展示生活中存在的大量需要用负数来表达的例子，如表示收入与支出，表示零上与零下的气温，表示电梯上的楼层数据等等。这些具体的例子，不仅让学生感受学习负数的必要性，而且还从中感受正与负之间所表示的相反意义。又如在学习教学函数的概念时，也可以通过多媒体展示，利用表格、图像及关系式表示现实生活中量与量之间的关系，让学生逐步经历从具体例子中概括出共同属性，再举出生活中的实例来例证属性，形成概念的过程。这样既可以让学生感受学习函数这个新的数学对象的必要性，也可以让学生真正经历一个核心概念的形成过程，并在这个过程中感悟抽象思想及概括思维。无论是数学概念的教学，还是数学原理及解题教学，现实生活中都存在大量的丰富的真实例子。

当然，一个纯粹的现实生活情境仍无法作为数学课堂教学的有效的教学情境，它需要同时蕴含能激发学生进行数学思考的数学问题，蕴含能启迪学生从情境中发现问题、提出问题的元素。而现实生活情境能否发挥数学教学的价值，不仅在于情境的真实性，情境与学生现实生活的紧密关联性，更在于情境中问题设计的合理性，在于教师在教学时能否挖掘出情境中蕴含的数学元素的真正教学价值。

一个好的生活化教学情境，它的价值不应仅局限于引出课题，还在于让学生在思考解决这个情境所蕴含的数学问题的过程中，经历将生活化问题抽象出数学问题的数学化过程，感悟抽象思想与模型思想，以提高发现问题及提出问题的能力，感受数学与生活的紧密联系，更在于激发学生运用已有的知识及经验去努力解决所得到的数学问题的兴趣，以提高分析问题及解答问题的能力。在分析问题与解答问题的过程中，当学生发现所学习过的知识、所具有的经验均无法顺利解答时，则被迫学习新的知识与方法。此时的新知，是在“愤悱”状态下去学习的，因而，学生学习的兴趣也就会被激发，学习的主动性就能显露，学习的效率也就大大提高了。

课堂教学环境不应成为课堂教学的孤岛，也不应成为课堂的“附属品”，它应成为课堂教学不可或缺的一部分。课堂教学的引入、教学内容的展开、问题的探究、学习内容的巩固与运用、课堂教学的小结与反思等，每一个具体的教学环节、教学情境都蕴含其中。在课堂教学引入时，设计一个生活化情境，当学生的知识及经验无法解决这个情境中的数学问题时，让情境成为该课学习的一个悬念，这当然可以吸引学生学习本课的兴趣。但运用情境引入课堂教学时，应该也必须让学生清楚知道情境所蕴含的数学问题是什么，要解决这些数学问题所需要的知识是什么，否则，情境是情境，而课堂是课堂，就会两不相干了。

（二）关联性教学情境

教学情境除了来自现实生活外，还可以根据数学知识的内在逻辑联系，通过“以旧引新”的形式被创设出来。这既能巩固已学习过的知识，又能引出相联系的新知识，让学生感受新旧知识间的内在联系，以建构逻辑连贯的数学认知结构，形成良好的数学学习认知系统。

根据数学知识之间的内在联系，创设关联性教学情境，需要教师在理解数学上下功夫，在理解学生的认知发展水平及已有的经验上下功夫，在帮助学生从整体结构上认识数学、学会学习数学、在积累研究数学对象的经验上下功夫，需要着力于减轻学生学习数学的认知负担，在提升学生的数学核心素养上下功夫。

（三）操作性教学情境

第三种常见的创设教学情境的方式是设计操作性活动，学生在实验操作过程中，观察、思考实验对象所蕴含的数学关系，在动手实践、直观观察与数学思考的过程中形成认知，获得知识，解决问题。

一个好的操作性教学情境不仅要能激发学生探究数学的兴趣，还必须能唤起学生数学思考的欲望，能让学生在观察图形变化的过程中，或发现其变化中的不变性，或发现其蕴含的基本数学关系等等，进而提出猜想，发出疑问，提出问题。操作不是最终目的，由操作而产生疑问，提出问题或获得猜想，才是操作性教学情境的教学价值之所在。

操作性情境真正的教学价值不应局限于操作，而在于经历操作（数学实验）的全过程，这个全过程应是“思考—实验—验证—反思”，体会合情推理的意义，感悟推理的思想。这里思考的价值在于明确实验的内容与目标，明晰实验的方向，规划操作实验的路径。

（四）跨学科性教学情境

数学在科学及人文发展中的贡献和作用巨大，同时其他学科与数学之间有着密切的联系。这为创设教学情境提供了新的途径，即根据数学与其他学科之间的密切联系，创设跨学科性教学情境，以帮助学生在运用数学知识解决其他学科问题的过程中，发展将其他学科问题转化为数学问题的能力，感受数学模型思想，拓宽数学认识的视野，提高学习数学的兴趣培养与发展数学品质。

创设跨学科的教学情境，不能局限于把这一情境中所反映的数量关系等内容，当成具体的数学知识或技能来让学生简单运用，而是要让学生在运用数学知识解决情境所包含的数学问题的过程中，充分经历从其他学科到数学的数学思考的过程，感悟蕴含其中的抽象、推理及模型等数学思想与方法，以培养与发展学生的数学核心素养。

要合理创设跨学科性教学情境，发挥这类情境在培养学生数学核心素养中的作用，从全科育人的高度，从促进人的全面发展的高度去认识数学教学。把数学独立于其他学科来孤立地学习，把数学独立于社会需求来教学，不利于学生的全面发展，也不利于学生对数学知识的全面性、本质性理解，更不利于培养学生的应用意识与创新能力。学生未来的生活不应仅仅有数学和其他学科，而应有数学的思维，应有数学地观察世界、数学地思考世界的能力。世界是具体的，是活生生的，数学的抽象性让数学离具体的现实生活世界有一定的距离，这常常需要借助其他学科的力量，运用数学的眼光与思维，透过现象看本质，分析一系列现象背后的基本规律，从而更好地生活与学习。

需要指出的是，在教学中创设与其他学科知识相关的教学情境时，不能过于固守教材中现有的情境，或其他已有的教学设计中的情境，而是要与其他学科老师进行一些交流沟通，了解学生在相关学科方面的认知经验与水平。若学生不具备这些学科知识，那么，教师需要更换这类教学情境，而不是一味地盲从照搬。否则，所创设的教学情境，很可能需要教师花费较多时间来先帮助学生了解相关学科知识，反而冲淡了这一教学情境中的数学味道。

（五）文化性教学情境

还有一种较为常见的创设教学情境的方式是，根据数学发展的历史及故事等创设数学文化性教学情境。数学作为一门独特的具有悠久历史的学科，具有自身独特的丰富的数学史、数学美等文化价值。教师在教学时，利用这些资源来创设数学教学情境，可以让学生从数学发展的历程上去整体认识数学，加深对当下学习的数学知识及方法的整体性理解。同时更为重要的是，数学发展史上所出现的名人逸事，经典数学公式、法则，经典数学问题、数学自身的美等等，对提高学生学习数学的兴趣，培养学生形成良好的数学态度，形成良好的人生观、世界观、价值观等，都有巨大的作用。

比如圆周率 π，是一个在数学及物理学中普遍存在的数学常数，刻画的是圆的周长与直径的比值，它的近似值为3.14。教学时，可以创设一个与 π 的研究历史有关的教学情境，让学生收集、阅读相关的历史文献资料，这对培养学生的数学素养将意义无穷。

创设基于数学学科的数学文化性教学情境，就是要将数学的思想、精神、方法、观点、语言等融入课堂，内化于具体的数学知识，并通过具体的教学情境外化出来，帮助学生更好地理解数学，培养学生的数学素养。

第二节 核心素养视角下初中数学高效课堂

一、高效课堂的内涵

“高效课堂”就是单位时间内获取最大教学效益的教学活动。与人们常说的有效教学相比，更强调教学效益的最大化，“高效课堂”主要是说两方面，即教师的高效教学与学生的高效学习。课堂教学中，有经验的教师在教学中会照顾到不同认知水平的学生，有的教师一节课可以教会一类题型，而另一些教师也许只教会了一个题，而且只有部分人学会，只有部分人喜欢，这就是效率的差别。当学生学会了接受知识的方法，当学生学会了正确的思维方法，他们自然就理解得快，接受得快，记忆得也牢固。

教育部门启动了高效课堂工程建设项目，而教学一线的数学教师要做的就是真正减轻学生的学习负担，进一步提高教学效果、提高教学效率，追求高效课堂。初中数学要求学生“善于质疑”，这样的评价标准是引导教师不再“满堂灌”，更加重视学生的地位，注重教学效果。

现代科技的发展引起了教育方方面面的改革，而且教师、学生获取知识点的途径也已经变得开放而生动，课堂的容量也变得有很大的伸缩空间。如何更高效地发展是教育界各个领域应该研究的问题。

二、初中数学高效课堂教学策略分析

根据教育改革的需求，教师必须适应新的教学方法，开展以学生为主体的初中数学课堂教学模式，学生在教师的引导下自主学习，使学生的学习动机在自主学习中被激发，提升学生数学综合学习能力，真正从根本上使数学课堂教学的有效性不断提升。

（一）培养学生的应用能力

初中数学教学改革的重要目标之一是培养学生实际应用数学语言的核心素养。初中数学教师在学生的日常生活中，应树立科学的教学观，培养学生的应用能力。首先，要突破学科本位，重视从学生的生活实践经验和已有的知识中学习数学和理解数学。其次，要注重数学科学和生活的有机整合，加强数学学科内容与生活的密切联系，使数学真正融入生活中，极大地激发初中学生的潜能，深入挖掘学生的内在创造力。最后，在数学教学课堂的模式设计上，要体现时代性与应用性，使数学知识回归现实生活世界，专注培育学生的应用能力。

（二）提高学生的问题意识

在初中数学教学中，教师应着眼于整个教学过程的安排，包括数学阅读材料的设计制作、多媒体平台数学问题的归纳总结、数学学习时间的安排、课堂活动的组织等教学环节。自制的数学材料整体结构要合理，条理要清晰，互动性要强，要有吸引力。教师要利用生活中的材料，传递知识，激发学习兴趣，提高学生的问题意识。同时，在数学教学过程中，教师不仅要组织好教学，组织好课堂发言，还要在整个过程中突出学生的主体地位，提高学生的解题能力。

（三）提高学生的思维品质

初中数学知识之间有很强的衔接性，在有效的数学课堂教学过程中，学生对知识理解和掌握的同时，还应该对数学的本质进行了解，将数学做全方位的统筹，也就是说，学生对知识的运用和掌握应该具有科学性、全面性和系统性。

心理学表明，人类的思维反映和对客观世界的把握是通过概念体系来进行的。在数学课堂教学过程中，学生理解掌握某个甚至某几个知识点不仅需要教师积极引导，而且学生系统性地学习数学知识也需要教师做好引导，促使学生主动地对各个知识点之间的数学关联进行了解，如推导数学公式、转换数形等。

当然，提高学生的思维品质，数学教师在课堂教学过程中，需要有针对性地采用个性化的指导，使不同层次、不同水平的学生都能够参与到教学中，使学习潜能得到最大程度的挖掘。此外，数学教师应结合精准教学的特征，设计挑战性的任务，充分利用启发性提问策略，设计合适的讨论话题，利用数学教学达到促进每个学生的全面发展与健康成长的目的。

总之，数学课堂教学改革的重点和热点问题就是建立有效的课堂教学，以及推动学生健康全面发展。教师以学生为主体开展初中数学课堂教学，以刺激学生的大脑并采取多元化的手段，使初中数学课堂有效性教学得到提高。

（四）提升学生的人文修养

当前，不仅要关注初中生的数学成绩，而且要发现和发展其多方面素质，帮助其认识自我、发展自我，培养学生批判性思维能力。多元评价策略可以让教师在教学过程中，通过激励、赞扬等方法让学生获得自信，因此，数学教师应该重视多维互评，不仅要引导学生去关注语言表达技巧、学科成绩，更要培养学生多方面的才能，实现初中数学知识技能与人文修养的全面发展。

同时，数学教师应该积极利用教学策略，激励学生对新问题发表个人的观点，与周围的同学进行合作交流，共同探讨新的解决策略，使学生能够以一种辩证的思维来对待不同的观点与看法，营造一种团结合作、共同成长的学习氛围。

（五）提高学生的学习能力

学生完成一项学习任务的时间跟学生接受这项任务的动机成正比。初中学生的心理特征就是对新鲜事物特别好奇，这是学生自主学习、主动学习的源泉。初中学生思想超前，很容易接受新鲜事物，有广泛爱好，好胜心较强，喜欢追求个性化的事物。同时学习环境对初中学生容易造成影响，制约着学生的学习态度，而学习态度与学习动机的关系又是相辅相成的。在初中数学课堂教学中，教师应该精心设计数学课堂教学过程，达到活跃课堂氛围的目的，让学生的学习动机得到激发，以此使数学课堂教学的效率不断提升。

同时，教师可以在互联网的帮助下，通过互联网技术将教学的创意和想法便捷地创造出来，使学生更加直观地理解，提高学习兴趣。在初中数学的教学过程中，数学教师可以通过微课在教学中的应用再现数学课本各章节的知识框架，实现知识的直观化，进而在学生头脑中构建成知识结构图。同时，也可利用多媒体再现复杂的数学模型，尤其是数学几何中物体的立体结构等。这样，学生可以通过观看教师的微课，更加快速地理解数学中的抽象概念、数学规律等，使数学课堂生动活泼。

（六）塑造学生的探究能力

初中数学教师要遵循数学学科的自身特点，突出学生的情感、态度、价值观等，设计相应的活动，使学生能够在活动中相互协作、共同研究，提高学生共同进步、深度探究的能力。

在初中数学教材里呈现给学生的数学知识以理论居多，与生活联系少，许多学生感到数学学习较为枯燥，索然无味，缺乏兴趣和激情。如果将数学融合在实际生活中，学生就会被新的方式吸引，加之学生对生活本身就有较多的经验，在面对这些数学知识时，在思维上容易产生认知的共鸣或者是质疑，在这种情境下学生的感官得到刺激，对知识不得不进行同化，甚至会因强烈的好奇心驱使立即去对所学知识在生活中如何应用进行验证等，变“要我学”为“我要学”，主动地进行探究学习，由此，数学课堂教学的效果会有很大提高。

三、核心素养视角下初中数学高效课堂构建方法

（一）发挥教师的引导作用，注重学生主体地位的凸显

新时代的高效课堂，不仅需要学生在有效的课堂时间内高效地掌握数学知识，还需要让学生在课堂学习过程中不断提升自身的数学学习能力。为此，在初中数学教学中，教师就需要注重引导学生进行自主探究，让学生亲身经历数学知识的探究过程，以凸显学生在课堂上的主体地位，拓展学生的数学学习思维，让学生在高效掌握数学知识的同时还可以获取一些有效的数学学习方法，以保证学

生在数学学习过程中的全面发展。例如，通过引导学生自行进行因式分解法知识的总结不仅能让学生透彻地理解因式分解法的实质，学会熟练地运用因式分解法解一元二次方程，还可以不断地提升学生的数学学习技能，有效地培养学生分析问题、解决问题的能力以及学生的探究精神，进而促使学生能够高效地完成数学课堂学习任务。

（二）结合教学内容与学生的学习需求，进行教学方式的创新

教师在教学过程中需要根据教学内容对教学方式进行有效的创新，实施符合学生学习需求的教学方法，以保证学生在课堂上的学习状态达到最佳。例如，通过生活化情境的创设弱化二次函数知识的难度，可以让学生更清楚地分析和表达出实际问题中变量之间的二次函数关系，以此逐步树立学生参与课堂学习的自信心，进而逐步提升学生参与课堂学习的积极性与主动性。而且，通过生活化情境的创设，还可以有效地培养学生运用所学知识解决生活实际问题的能力，让学生学会用建模的思想去解决其他和函数有关的应用问题，以此让学生在课堂上的学习效率得到有效的保证，进而加快初中数学高效课堂构建的前进步伐。

（三）因材施教，保证班级每一个学生的个性化发展

高效课堂的构建是指班级整体教学效率的提升，但是由于班级每一个学生的个性特点、知识结构的搭建都存在着差异，为此，在初中数学教学过程中，教师需要充分地尊重班级学生所存在的个体差异，根据学生的实际学习情况进行因材施教，以保证每一个学生的个性化发展。

对于学习能力较好的学生，他们在理解与掌握两个图形相似的概念与特征时，教师就可以给予他们更多的自主探究空间，让他们通过自主探究与分析，高效地理解并掌握相似图形的概念、特征与识别方法，并能够灵活地运用相似多边形的特征进行相关计算。而对于学习能力中等层次的学生，教师在教学过程中则可以给予他们相应的帮助，让他们能够紧跟着教师的思路进行课堂知识的探究与学习，以逐步加强他们对相似多边形知识的理解与掌握。而对于学习能力较弱的学生，教师在教学过程中就可以先引导他们观察生活中形状相同的图形，让他们可以先初步地理解相似图形的概念，然后在此基础上进一步地理解相似性的特征，进行循序渐进的教学引导。通过实施针对性的教学，可以调动每一个学生参与课堂学习的积极性与主动性，以促使每一个学生通过数学课堂学习，都能不断提升自身的数学学习效率与学习能力，以此达到班级整体学习效率的有效提升，进而从真正意义上实现初中数学高效课堂的构建。

（四）结合生活实际提升课堂教学效果的方法

数学教学中，教师对教学案例的选取要贴近学生的生活实际，对数学的阅读材料进行有计划的设计整理，并且应用多媒体对相似的案例进行总结，然后统一进行管理，合理安排教学时间和教学顺序。同时，教师要对数学的整体结构进行调整，多讲解解题方法，提高学生解答问题的能力。

在学习“一元二次方程”时，教师可以选取一个现实生活中的例子，加深学生对教材知识的理解。教师可通过生活化的案例，让学生借鉴自身的经验来解题。在这一过程中，教师可以让学生通过小组讨论的方式进行合作探讨，以此提高学生独立思考及逻辑思维的能力，从而培养学生的核心素养。

（五）构建有效的教学评价体系，提升课堂教学质量的方法

在初中数学教学中，教师要充分认识学生在学习方面的不足，同时还要善于发现学生在学习方面所呈现的天赋，通过赞扬与批判性评价相结合的方式，让学生对自己的整体发展有一个清楚的认识，从而激发学生的学习自信，培养全面型人才。

同时，教师要充分激发学生对新问题的探究能力与好奇心，使学生发挥团队协作能力，进行合作教育，创设良好的学习氛围，有效激发学生对于数学课堂的兴趣，提升数学课堂的教学质量。

（六）运用科技手段，构建高效课堂的方法

互联网的快速发展为教学提供了更加新颖的教学方式，微课教学越来越得到学生的认可和支持。初中数学教师可以利用微课对每一章节的知识框架进行梳理，使学生能够清晰地理解整本书中知识点间存在的关系，也可以让数学知识更加直观化，由此可将复杂的数学问题通过简单的方式进行讲解，便于学生理解。同时也可以活跃课堂气氛，改变学生对数学枯燥、死板的印象，让数学教学“活”起来，特别是在进行几何知识的讲解时，教师通过视频展示几何图形的分解过程，学生一眼便可明白立体图形表面积的计算方法与构成，从而提高教学效率，构建初中数学高效课堂。

在全国上下提倡素质教育的大环境下，初中数学教师应树立科学的教学观念，不断培养学生的应用能力，提高其发现问题、解决问题的能力，同时因材施教，针对每个学生的特点采用相应的评价策略，全面提升学生的核心素养。

第三节　初中数学探究式教学的原则与策略

一、初中数学探究式教学的原则

初中数学探究式教学的实施必须遵循教育学的一般教学原则，如科学性和思想性统一原则、理论联系实际原则、启发性原则、发展性原则、循序渐进原则、巩固性原则、直观性原则、因材施教原则等。此外，在初中数学探究式教学的实施过程中还必须根据学科特点、学生特点遵循以下一些特殊的原则。

（一）价值性原则

所谓价值性原则，是指数学探究式教学对提高学生数学知识理解能力、创造性思维能力以及数学素养具有重要价值的原则。实践表明，并不是所有的初中数学教学内容都适合采用探究式教学。初中数学探究式教学要想取得预期的效果，首先，必须考虑教学的内容是否有探究价值或者是否适合探究式教学。其次，应该考虑探究材料是否有助于学生深入理解数学知识，提高数学素养，培养创新意识和应用能力，同时所选的探究材料要具有基础性、普及性、发展性、多样性、递进性和适当的挑战性，要在实施探究课程的允许的范围内，最大限度地发挥其作用。

（二）“最近发展区”原则

所谓“最近发展区”原则，是指教师准备给学生探究的材料或问题要有一定的难度，但又必须在学生的“最近发展区”内，使学生可以“跳一跳，摘桃子”。初中数学探究式教学强调探究内容的挑战性，但这种挑战性是相对的，它有一个度的限制。探究并不是对已有知识的简单应用，而是让学生“思维跳一跳”，通过对自身已有的知识与探究内容相关的知识进行创造性地组织和运用，最终实现探究式教学的目标。苏联教育心理学家维果茨基于20世纪30年代提出了“最近发展区”的概念，并创造性地阐明了教学、学习与发展之间的辩证关系。只有针对最近发展区的教学，才能促进学生的发展。发展的过程就是不断把最近发展区转化为现有发展区的过程。只有那种能激发学生思维的探究内容，才适合学生的发展，才有利于创造性思维的训练和创新意识的形成。教师在开展探究式教学中所选的探究材料或者数学问题应符合学生的“最近发展区”原则。

（三）过程性原则

所谓过程性原则，是指初中数学探究式教学在重视学生学习结果的同时，更要注重学生的探究过程，以及学生在探究过程中的感受和体验。探究式教学特别强调学生学习的过程性，注重知识的生成过程，强调培养学生的科学素养，关注学生的探究过程，重视探究兴趣与学生的发展，强调学生的情感体验。即使学生提出的问题在现实生活中暂时难以实现，甚至异想天开，也要予以鼓励，绝对不能讽刺和指责学生。更重要的是，没有多样性、丰富性的学习过程，就不能培养学生的多种能力和创造性思维。新课程倡导我们在课堂教学中应该尽可能地让学生生成问题，让学生充分展示自己的思维过程。数学学习不仅要重视结论，更要重视过程。

（四）激励性原则

教育心理学认为，在教师激励的教育方式下，学生对外部适当的正刺激能产生内驱力，会使学生处于一种活跃的、能动的积极状态，从而引发学习动机。强化人际互动，促进学生主体结构的建构，让学生在获得知识、提高能力的同时深深体会到成功的乐趣，这就是激励性原则。

（五）主体性原则

探究式教学应体现“教师为主导，学生为主体”的原则，这也是新课程理念的基本原则，也符合新课标的“以人为本”的精神。学生就是“本”，教师所做的一切努力，都是为了给学生提供更宽广的发展空间，为学生掌握知识、学会学习服务。学生作为学习的主体，课堂上的“活动、探究、讨论、交流、反思”都是学生自己的活动，必须由学生自己来完成。教师作为必不可少的组织者，其作用是设计、引导、协调、点拨。强调学生的自主发展，但不是自由发展，整个教学过程应在教师的合理控制之下。学生的主体作用不仅体现在时间和空间上，最重要的是体现在思维上。

（六）合作性原则

社会的高速发展需要合作性的人才，我们在教育的过程中不仅应该关注学生的知识和能力的发展，还应该关注学生之间的合作。联合国教科文组织把“学会合作”作为未来学习必须考虑的因素，所以我们应该重视培养学生的合作意识。在初中数学探究式教学中，通过设计合作的活动，让学生建立小团队，在学习过程中相互帮助、合作交流。通过这种方式，可以让初中学生的合作能力得到迅速地提高和发展。在课堂教学过程中，教师可以让学生和同桌或邻座的同学进行沟通交流，让每一位学生都能发挥各自的优势，通过互相启发和互相帮助的方式解决相关问题。利用学生思维互补的特性，让学生各抒己见，从而拓展思路，让学生更加全面准确地了解和掌握相关概念和结论。对于学困生的反馈要及时给予评价，并且积极引导进行反思总结，不能总是加深问题难度，还要对基础知识中的薄弱环节加强训练。比如对运算能力弱的学生，平时要让其多做相关练习，以不断提高自己的运算能力。

（七）递进性原则

所谓递进性原则，是指初中数学探究式教学要按照数学的逻辑体系和学生认识发展的顺序由浅入深、由易到难地进行教学。学生学习的发展是一个循序渐进的过程，数学探究式教学必须遵循数学知识的逻辑结构序列和学生认识能力的发展序列，逐步实现知识的掌握、技能的形成、思想方法的感悟和能力的提高。初中数学教学大纲和教科书一般不是以知识形成和发展的顺序进行编排的，教师作为课程的实施者，要对某些探究内容的历史发展过程和逻辑体系结构进行考查，并结合学生的认知特点选择恰当、合理的方式进行教学。在教学设计时，要恰当地设置探究内容递进的度，既要防止缺少递进过程而企图一步到位的倾向，又要避免因递进的梯度太小造成所学知识的低水平重复现象。

总之，初中数学探究式教学创设了多元、动态、开放的课堂环境，让学生可以更好地主动学习，唤醒、挖掘和开发其自身的潜能。探究式教学讲究师生平等，教师对学生思维的限制减少，符合初中生自我意识强的心理特征，这种开放性的发展空间，有利于促进学生兴趣、动机、情感、意志、性格等非智力因素的健康发展，从而促进学生自主全面发展。

二、初中数学探究式教学的步骤

（一）创设情境，提出问题

作为探究式教学具体步骤的第一步，创设问题情境显得尤为关键，它的效果直接关系到整堂数学课的有效性。数学和问题是密切相关的，数学问题能够激发学生的思考和寻找答案的欲望，教师在教学时应注意设置良好的问题情境，可以从以下几个方面做到：首先，数学问题要生活化。问题贴近生活有利于学生理解和分析问题。其次，数学问题要有层次性。要在学生的“最近发展区”范围，也就是数学问题不能太简单，太简单会缺乏挑战性，但也不能太难，太难的问题会打击学生的学习兴趣，应该是学生经过自己的努力可以解决的问题。再次，数学问题要具有典型性和趣味性。数学问题情境的产生可以有很多来源。

1. 从现实生活中导入问题情境

总的来说，数学来源于生活并服务于生活。因而数学问题的产生可以依据现实生活中的具体情境，让学生感觉数学就在我们身边，减少数学“抽象”“无用”等错误标签，让学生对提出的问题敢于尝试解决，从上课一开始就可迅速激发学生的探究欲望。

在导入问题情境之后，教师可以引导学生列举身边发生的类似的问题情境，培养学生举一反三的能力，增强学生对问题的理解和掌握能力，扩展学生的思维。

2. 从学生已有的数学经验出发进行问题情境创设

从学生已有的数学经验出发其实是利用了知识的应用与迁移。在学习过程中，人的记忆是有限的、会遗忘的，随着时间的增加会遗忘得越来越多。在学习新知识之前就需要对已学的知识进行复习，这就是人们常说的“温故而知新”。通过这种方式促进学生知识的纵向迁移，最后将新旧知识有效融合，达到举一反三、触类旁通的效果。

学生学习数学知识的过程是一个循序渐进的过程，数学知识由浅入深、由易到难，这要求教师在进行教学设计时要考虑学生已有的数学知识水平，根据最近发展区原则选择符合学生学习的教学内容和方式，让学生在已有的认知发展水平和知识经验的基础上，只要再努力一点就可以解决问题，这样就可以巩固已学知识，又可以学习新知识，带领学生通过自己的努力体验成功的感觉，建立完整的知识框架，使学生对所学知识的掌握呈现螺旋上升的态势。

3. 从趣味中创设问题情境

在数学课堂中，使课堂变得有趣味的方式有很多，可以通过歌曲、数学史、寓言故事、名人轶事、数学活动和游戏等方式创设数学教学情境，激发学生的好奇心和学习兴趣，还可以在教会学生学习数学知识的同时，接受数学文化的熏陶，把人文教育渗透到初中数学课堂中来，这也符合新课标的要求，是培养德、智、体、美全面发展的人的必然要求。

4，从习题中的问题出发创设问题情境

学习完一个新知识后，教师会安排一定的练习题、习题、作业或试卷等对学生的学习情况进行检测和评价，以此来判断学生对知识的理解和掌握程度。学生学习新知识后，不一定能够很好地运用所学知识解决问题，在此过程中教师可以根据多数学生出现的共同问题创设问题情境，引导学生共同来解决，最后对问题及其解决方法进行归纳总结。

总之，情境导入的方式有很多，根据不同的标准划分会有不同的导入方式，教师可根据教材中的案例进行导入，但也要灵活运用教材设置的内容，适当的时候可以在尊重教材的基础上结合学生的实际情况进行改编，真正做到因材施教。情境导入的工具可以采用多媒体增加内容的生动性和形象性，也可以让学生通过自己动手发现问题来进行导入，还可以直接通过板书提出问题进行导入。总的来说，要具体问题具体分析，要根据教学的具体内容和教学方式采用相应的导入方式，有时可同时采用多种导入方式共同进行。不管采用何种方式，只要能够激发学生的学习兴趣和探究欲望、能够让学生主动参与探究活动的方式都是可行的。

（二）自主思考，合作探究

探究的含义起码可以分为两层，一是探，二是究。探就是要明确我们的问题、方向、任务、步骤，究就是对我们所得到的东西进行进一步的追究、研究。课题可以分为概念课、性质课、复习课、习题课、试卷讲评课、活动课，活动课又可以分为纯数学活动课、信息技术活动课、数学简史活动课、知识窗活动课等。而应用性的课堂如复习课，其探究的内容就比较少，而是重在应用。具体采用什么样的探究式教学方式，需要根据知识的分类，有些知识的探究点比较少并且难度不大，就没有必要去设置过多的探究时间，而对于有些比较难的知识，就可以设置更多的探究时间。也就是说，探究式教学并不代表整堂课都在探究，应该根据具体的课题设置内容。

1. 类比探究

类比探究比较直接，它遵循学生的智力发展规律，由易到难、由简到繁，由于学生已经学习过类似的知识内容，所以，在此基础上进行知识的类比和迁移就容易得多。

2. 归纳和演绎探究

归纳是对一系列具有代表性的个别或几个对象进行研究，进而概括出一般性原理的思维方法。而演绎则恰恰相反，是从一般性原理中得出个别或几个对象的结论。归纳和演绎不可分离。归纳法是一种或然性推理方法，归纳法不可能包含到所有对象，也就是不可能做到完全归纳，因此，归纳的结论不一定可靠，这就需要对结论进行检验和验证。学生通过观察探究内容，发现其中隐藏的一般性规律或结论，而要判断规律或结论是否正确，需要对其进行验证，最后将正确的结论进行总结和归纳。归纳和演绎探究可以锻炼学生观察发现和归纳总结的思维和能力。

在探究过程中，并不是所有的事情都能按照预设的步骤来进行，而是随时都有可能发生意外，引发各种课堂问题，这些意外和问题如果得不到及时解决，就会降低课堂效率甚至阻碍课堂教学的顺利进行。这就需要教师的及时参与和有效指导。对于探究顺利、得出正确结论的小组，应及时地进行表扬；对于探究遇到问题又无法解决的小组，应进行正确的引导和鼓励。同时还应该准备一些提升性的探究课堂，让先完成任务的小组继续进行探究和提升。让学生经历数学知识的发生发展过程，唤起学生已有的认知和体验，做真正的“数学人”。而这一切都需要经历讨论合作、协作探究的过程。

总之，讨论合作、协作探究需要学生在探究的时候明确问题、任务等，对问题、任务等进行独立发现和思考，发挥个人的才智，然后在尊重学生独立人格的基础上，通过小组交流与合作等形式开展丰富多彩的教学活动，引导学生参与其中。这需要教师有效地组织好课堂教学的每一个环节，才能使讨论有意义，从而实现真正有意义的探究。为学生提供一个集民主、平等与和谐等因素于一体的教学环境，丰富教学活动，使教学活动成为打造数学文化课堂的有力武器。在这样的数学课堂上，不仅可以增加学生的知识积累、构建知识框架，还可以启发学生思维、培养学生的学习能力和创造能力等。

（三）练习巩固，演绎提升

变式在探究中特别是应用型的课题里体现得很重要，而这恰好是教师的短板。变式训练也属于对教师命题能力的培养，命题的培养需要教师对教材的知识点、概念很熟悉，需要对考纲、课标很熟悉，考什么，哪些要考，考到什么程度，怎么考都要拿捏好。

变式的练习从角度上可以分为三类。第一类，从广度上变式：这是最浅层次的、最简单的变式，指的是横向层次的变式，只是题目的形式和种类发生了变化。第二类：从深度上变式，这类变式会把前后知识衔接起来综合运用，通常要求学生要对前面所学的知识有良好的掌握，并能融会贯通、熟练运用。第三类：从高度上变式，这类变式不仅会与之前学过的知识有联系，更多的会涉及学生没有学过的下节课或是以后的知识，让学生接触过后有一种“似懂非懂”的感觉，同时，依然保持强烈的求知欲和好奇心，这样能为以后的学习设下“圈套”，做好铺垫。在这里，按照同一知识类型可以分为形式变式、方法变式和内容变式。

（四）评价反思，应用迁移

评价与反思包括对教学设计的重新梳理与完善（采用的教学方式、数学思想等）、教学评价、对教学中发生的问题的思考与改进等。如学生自发地认识事物、分析事物的意识是值得提倡的，这需要教师在进行教学设计时，充分考虑学生的认知基础和认知方式，从而层层引导，方能步步为营，才能更适应后续学习发展的要求。

评价标准如果从主体的角度来分，可以分为教师自我评价、学生自我评价、师生和生生之间的互评，其中教师的自我评价对于提高教学水平和质量非常重要，可以说关系到教师的终身发展。

评价标准还可以从三维目标的角度来做，即知识与技能目标、过程与方法目标、情感、态度与价值观目标。第一，知识与技能目标。例如，考虑到学生是否掌握了多边形的内角和，可以出题给学生做，学生做对了说明这个知识学生掌握了；考查学生的尺规作图能力，比如当学生会画角平分线时，这个技能就掌握了；比如计算技能，如果学生会计算有理数的加减乘除与乘方的混合运算，就说明他掌握了这个计算技能。第二，过程与方法目标。例如，在学习多边形的内角和章节内容时，学生参与度如何，可以观察发言的有哪几个学生，观察学生做题的过程，学生如果做题认真，解题过程会很规范，基本可以认定这个学生属于学习认真的类型，将来发展会很好，为什么会有这样的判断？是因为我们有预测。凭什么来预测呢？是因为我们关注了学生学习的过程。就好像我们看一个人如果平时认真，你会认可他，所以，这个过程很重要。那么方法呢？在多边形的内角和问题中，从多边形的顶点、一边、内部一点、外部出发进行分割，这是一个方法。可以判断学生是否具备化归的思想方法、数形结合方法。第三，情感、态度与价值观目标，在上课的时候，学生的情感被带动起来了，他就会在课堂中积极地参与，进而转变学习态度，对数学的认识和观念也会发生改变，变得很有信心。

三、核心素养视域下的初中数学探究式教学策略

核心素养背景下，初中数学课堂教学要实现有效课堂构建，教师需围绕学生数学核心素养的能力要求，充分尊重学生的学习特点及学习需求，激发其学习自主性，给学生创造自主学习和探究的学习环境。教师要让学生在探究中掌握方法、学习知识并在实践中灵活运用所学知识解决问题，促进学生数学综合素养的提升。

（一）精心设计教学导入调动学生学习兴趣

良好的开端是成功的一半。要想提高数学课堂教学效率，需要教师做好课堂教学导入，以生动、富于趣味性、启发性的方式调动学生的学习积极性。例如，在利用三角形全等测距离这个章节的教学中，结合学生对探险活动的兴趣点，教师可在课前借助多媒体播放一些密室探险相关的、具有较强视觉冲击力的视频或图片，并告诉学生本节课的内容与探险活动有关，调动学生的学习兴趣。随后，向学生展示教学图片，上面画有一个在测出距离方能进行探险的位置，告诉学生距离的测定需要借助数学的方法展开，就是我们今天要学习的内容，即利用三角形全等来测出距离。这种方式导入课堂教学内容，能够很快地吸引学生的课堂学习注意力，提高学生探究式学习的积极性。

（二）重视背景介绍，形成概念、法则

数学中每一个概念的产生，每一个法则的规定都有其丰富的知识和一定的历史背景，在教学过程中，教师不能舍弃这些知识和背景，直接抛给学生一连串的概念和法则，因为这种做法会使学生感到茫然，失去了培养学生概括能力的极好机会。探究式教学是要将概念和法则的形成过程还给学生，提高学生数学抽象的能力。

如方程的概念教学，传统的做法是给出方程的定义，然后给出若干式子让学生判别哪些是方程。探究式教学的做法是先给出若干式子，然后让学生观察，找出其中的一些共同特点，如一部分式子是等式、一部分式子是代数式，在等式中又有一部分含有未知数，这样我们就把这种含有未知数的等式叫作方程。再比如讲函数这个概念时，可以先给学生讲一讲有关函数概念的历史知识。这样的介绍来引入，不仅能使学生认识到数学与社会发展的关系，而且增加了学生学习数学概念的生动性、趣味性。

（三）精心设计教学环节挖掘学生数学潜质

新的教学内容能否被学生很快理解并吸收，需要教师设计不同的教学环节，以逐渐调动学生的思维活力，并展开从初步了解、自主探究、课堂随练及课后巩固等方式的整个学习过程。教师在各环节设定和实施中，要注重培养学生数学多方面能力，为充分挖掘其数学潜质打下良好基础，例如，在探索轴对称的性质章节的教学中，教师可采用小组合作学习模式展开教学，并要求各小组围绕轴对称的性质及其在我们日常生活中的应用展开合作学习。这两个探究内容，是在包含本节课所有知识点的基础上进行了生活拓展，要求各小组内部明确分工，发挥各

自所长展开有效学习。在总结轴对称性质时，学生自主借助画图来辅助并促进理解，在自主思考与探究的过程中完成课堂教学任务，在激发学生数学潜质的同时，提高了课堂教学效率。

（四）精心设计教学环节以总结拓展知识点

教学总结在数学课堂教学中非常重要，是促进学生深入理解、思考并掌握教学内容的重要环节。同时，在总结中，教师要注重优化学生数学核心素养，对教学知识点进行拓展，以延伸各知识点，促进学生对教学内容的学习深度和广度。例如，在探索轴对称的性质章节教学总结中，为使学生对轴对称性质在日常生活中应用有更深入、清晰的认知，教师援引在建筑施工中可以借助轴对称确定超市、幼儿园及停车场的最佳建设位置，促进了学生对知识点认知范围的扩大。

（五）精心设计教学评价优化学生数学思维

课堂评价环节是巩固教学内容、促进学生深入思考的重要环节。基于课堂有限的教学时间，为了完善并发挥课堂评价的作用，教师要创新课堂评价方式，注重多种角度的课堂评价，以优化学生数学思维。例如，在探索勾股定理一课并进行教学评价时，基于之前的小组合作学习，教师可要求各小组内部展开评价，以提高评价的有效性。组员之间会针对彼此的学习习惯、学习技巧、思维方式等进行互评。在此基础上，教师再进行整体评价，使学生对自己在学习中的优势与不足形成清晰的认知，其数学思维得到优化，数学探究课堂也可以得到切实的改进和提升。

（六）精心设计课后作业巩固强化教学内容

课后作业是延伸课堂教学、巩固学生对知识点的吸收及应用的有效途径。课后作业在设计时，教师要以巩固学生对教学内容有吸收和记忆为目标，同时要借助习题思考优化学生的数学思维和自主探究精神，提高课堂教学质量。例如，在勾股定理内容的实践应用教学中，教师可侧重于培养学生对所学知识的应用能力，以及良好的发散性思维。教师可启发学生对学校环境中及自己家庭周边环境中进行仔细观察和思考，哪些地方体现出对勾股定理的应用，运用此定理能够有效解决哪些生活中的问题等等。在完成实践探究后，教师要求学生对所观察、感悟到的情况拟写一份总结性作业，更有效地发挥了课后作业对巩固教学内容、推进学生数学思维能力、实践应用能力的提升和促进作用。

（七）注重回顾反思，提炼数学思想

探究式教学要求充分暴露知识的发生过程，其中包括数学思想的提炼、概括。

数学思想总是蕴藏在具体的数学知识、数学方法之中，它是高度概括的数学理论。数学思想不仅对学生系统地掌握、运用数学知识和方法解决问题具有指导意义，也对学生形成正确的数学观大有益处。探究式教学通过对学过知识的回顾、反思，对所用方法的概括、提炼，挖掘其中的数学思想，并用数学思想来指导数学教学过程中的实践。如通过对解方程、方程组的回顾、反思，提炼出“降次降维”的思想、“换元”思想、“转化”思想，而这些思想又都属于“化归”思想。如通过对函数、函数图像知识的回顾、反思，提炼出数学虽然是以现实世界的数量关系与空间形式作为研究对象，但是数与形是互相联系的，也是可以相互转化的。把问题的数量关系转化为图形的性质问题或者把图形的性质问题转化为数量关系问题，是数学活动中的一种重要思维策略，这种处理问题的方法是“数形结合”的思想方法。

探究式教学与传统的讲授方式有明显的不同，要求教师把科学当作一种过程，而不仅仅作为结果的知识体系来教，教学时既要重视结果又要重视知识的获得过程，有时重过程更甚于重结果。学生进行探究式学习，会全身心投入其中，使学生的认识、情感、意志及行为达到高度的统一。教学要达到让学生全身心投入的状态，就必须以学生而不是教师为中心，使学生对观察、提问、分类、测量、实验、推理、解释、预测等活动既产生兴趣，又力所能及。

综上所述，在核心素养下要促进初中数学探究式课堂的构建，教师需要在对学生传授数学基础知识的同时，充分落实生本教育理念，创新课堂教学模式，在各个教学环节的设计中激发学生学习的积极性和自主性，培养学生具备良好的数学思维能力、实践应用能力和创新探究精神。通过这些教学措施，教师可以丰富初中数学课堂教学实践经验，提高学生数学核心素养，促进初中数学探究式课堂的构建。

第四节　数学课堂教学设计研究进展

一、数学课堂教学的理论与设计

（一）数学课堂的学习理论与教学设计

在 20 世纪，北美等许多国家都把自然科学研究的范式转向了社会科学领域。20 世纪中叶，在教学论科学化运动的基础上，代表教学论微观领域研究的教学设计研究试图进一步把关于人的学习理论与具体的教育教学实际问题的解决连接起来。当时，行为主义心理学在心理学领域占主导地位。教学设计科学化运动首先把行为主义心理学的研究范式运用于教学领域。

行为主义心理学认为“学习就是强化”。以行为主义为基础的教学设计理论同时吸收了自动控制理论和系统论的因素，试图确定在教学中实施行为主义“刺激——反应——强化”模式的最有效的手段和程序，其基本思路是开发一种教学程序系统，以准确分析学习者的行为表现，确定要达到的行为目标，设计教学以达到预先确定的具体学习结果。

从20世纪60年代末期至70年代，行为主义在心理学领域的主导地位逐渐被认知心理学所取代，以认知心理学为基础的教学设计理论开始兴盛起来。认知心理学认为“学习是知识的获得”。但是，认知主义教学设计理论并非对以往的行为主义教学设计理论的全盘否定，而是对行为主义教学理论的超越和发展。任务分析由分析人的行为表现以确定行为目标，转向于理解不同知识和技能领域中“能力表现”的发展阶段，确定一个学科领域中能够把“新手”和“专家”区分开来的不同的学习水平。

在20世纪的大部分时间，教学领域中占支配地位的认识论观念，不论是行为主义还是认知主义，都属于客观主义的范畴。在客观主义认识论看来，教学过程即是传递客观知识的过程。作为知识传递过程的教学也具有客观性，它是由客观规律所决定的，教学结果完全是可预期的、可重复的。

教学应遵循固定的程序和步骤。由于复杂知识可以还原、分解为简单知识，因此，可以对知识教学进行细致的程序设计。受客观主义认识论所支配的教学必然具有控制性质。教学是传递固定的、程式化的“客观”知识的过程，学生的心灵是被教学过程塑造的对象，需要忠实地接受各种“客观真理”。

进入20世纪90年代后，建构主义思潮迅速流行，各种学习理论进一步发展。这不仅直接导致教学设计领域发生了从关注教学到关注学习的研究基点的根本转移，而且全新的学习理念大大更新了教学设计研究者的学习观、知识观，以及相应的教学观，使教学设计进入了一个更加重视回应学习者的需求，更加关注发掘学习者的潜力，更加重视学习现象的社会性、实践参与性，更加面向真实性、多样性与复杂性的宽泛的研究领域。

建构主义不是单一的学习理论，而是一系列相似的有关学习与教学的新观点的集合。不同于行为主义观点侧重于外显行为的学习目标，也不同于类似计算机运行的认知的信息加工模型，持建构主义，特别是社会建构主义观点者强调，学习者只有通过对自己经验的解释，才能建构自己对真实的理解；学习者只有通过广泛的社会协商，才能创建具有社会意义的新知识；学习者只有浸润于人类文化的脉络之中，才能获得具有完整意义的知识。

更为重要的是，与建构主义思潮同时产生的还有有关学习的情境理论、社会文化理论、活动理论、学习的生态理论、日常认知与推理理论等，这些学习理论对于人的学习持相同的假设，共享着有关学习的相似的信念，形成有关知识建构性、意义协商性、认知的情境脉络性的学习观的共识。有关学习的隐喻也从学习是反应的强化、学习是知识的获得转变为学习是知识的建构、学习是有意义的社会协商、学习是实践的参与。由此，与之相对应的新的教学隐喻是，教学是创建优化的学习环境、教学是组建学习者共同体、教学是构建实践共同体等。

社会的变革与时代的新需求必然会导致对整个现行的教育、教学系统范式的反思，使得由重点关注人才的选拔与分类的教育体制，转变为重点关注学习的趋势，即关注如何帮助每一个人发掘自己的潜力。提供创设学习环境的指导将成为教学新范式的主要任务。在这种趋势下，新的教学设计研究范式必将在根植于核心思想和目标，将自身建设成为以新技术为支撑的、促进人学习的、发掘人潜力的、支持社会协商与合作的、鼓励实践参与和创新的、开放的、包容的体系。

教学设计是传统备课、写教案的一种现代发展，是教师的基本功之一。教学设计，是教师为达到教学目标而对课堂教学的过程与行为所进行的系统规划。数学课堂教学设计是根据一般教育心理学理论，特别是数学教育理论的基本观点和主张，依据课程目标要求，运用系统、科学方法，对教学中的要素进行分析，从而确定教学目标，设计解决数学教学问题的教学活动模式与工作流程，提出教学策略方案和评价办法，并最终形成设计方案的过程。数学教学设计要尊重学生、关注发展，强调实践性与参与性，深入研究数学的本质。

（二）数学课堂的学习动机与教学设计

学习目的是学习主体从事学习活动所要达到的预期结果，对学习者的学习行为具有指向作用与动力功能。从学习心理学的角度回答为什么学习，即是学习动机问题。

学习动机是发动、维持个体的学习活动，并使之朝向一定目标的内部动力机制。从教学设计的角度看待动机问题，就是如何在教学中引起和保持学生的学习动机，以保证学习任务的顺利完成。下面分别介绍认知、人本主义视角下的动机观。

首先，认知主义的视角。认知主义心理学家普遍重视心理需要，当人的目的与环境之间出现某种不平衡或紧张时，便会引起各种心理需要。这种心理需要的状态会使人做出某种行动以恢复平衡或降低紧张感。

其次，人本主义的视角。人本主义心理学家强调应从整体角度来观察个体，包括物理的、智力的、情感的和处于互动人际关系中的人，以及这些因素如何交互影响个体的学习与动机，着重关注个体对内在需要的知觉及自我实现的驱动力。

学习的动机理论对数学教与学有许多启发。它要求在进行数学教学设计时应注意以下几点。

第一，提出明确而又适度的学习目标和要求。讲授一门新课程、新知识之前，教师应先说明学习该内容的目的、任务以及重要性和必要性，学生需要明确知道应该做些什么，将会怎样评价他们，以及学习的结果是什么。第二，在安排教学过程和活动时，注意及时反馈环节与适当评价。让学生及时了解自己的学习结果（即反馈），可以加强其进一步学习的动机。第三，学习任务和方式的设计要有利于学生参与。

（三）数学课堂的知识观与教学设计

什么是知识，不同的哲学观有不同的回答。例如，实证主义观点认为，知识就其本质来说，都是通过主客体的相互作用产生的，是客观事物的特征与联系在人脑中的能动反映，是客观事物的主观表征。而建构主义观点否认知识的客观存在，对同一个实体，不同个体建构自己对实体的描述和解读。

还有观点认为数学知识就是个体通过与客观事物在数与形方面的特征和联系的相互作用后获得的信息及组织。被储存于个体的大脑里，就是个体的数学知识；通过书籍或其他媒介来储存，就是人类的数学知识。

进行教学设计，不仅要知道知识是什么，还需要明确知识的类型，以了解不同知识学习的条件和特点。

数学知识的分类。从陈述性知识和程序性知识的关系中，可以认为，数学知识包括：数学的概念和原理（包括性质、法则、公式、公理、定理等）；由内容所反映的数学思想与方法；按照一定的程序以及步骤进行运算、处理数据、推理、作图、绘制图表等数学技能。数学概念、数学原理对应于陈述性知识，数学思想与方法和数学技能对应于程序性知识，其中数学技能对应于数学领域的自动化基本技能，数学思想与方法对应于策略性知识。根据认知心理学的有关研究，有效的问题解决通常要依赖基本技能成分的自动化。自动化的基本技能可以不占用学生有限的记忆空间，因而能将更多的注意力放在诸如计划、监控这样的高水平技能上。数学教学要促进基本的数学技能的自动化。数学思想方法是隐性的，也不能自发产生，只有有意识地教学才能为学生所掌握。

上述关于数学知识的分类是相对的，意义在于帮助人们更加深入地认识清楚数学知识的本质，并以此为依据确立数学教学目标、提出数学教与学的策略，有效指导学生的学习。

（四）数学课堂学习过程观与教学设计

学习过程观即是关于学习是怎样进行的，这是一个关于学习的一般机制的问题。认知主义的结构观、信息加工观以及班杜拉的社会学习观是较有影响的三种观点。

1．认知主义的结构观

认知主义的结构观强调学习就是学习者内部认知结构的形成和重组的过程。建构主义心理学家认为学习是学习者主动地建构内部心理表征的过程，这主要包括两方面的建构：一是对新信息的意义的建构，二是对原有经验结构的改造与重组。

2．信息加工观

借助认知心理学的信息加工模型，有学者认为学习者的学习是一系列过程，过程的每一阶段完成着不同的信息加工。例如，注意的过程、信息的知觉、编码、储存和提取等。

3．班杜拉的社会学习观

班杜拉的社会学习观认为人的态度和行为学习主要受榜样的影响。在外部榜样提供的刺激作用下，学习者内部要经历注意、保持、生成和动机四个过程。从以上有关学习过程理论的介绍可知，不同学派的心理学家对学习的一般过程的看法有共同点。例如，都强调认知与情感的协调发展对个体学习的重要意义。各种理论也存在一定分歧，这是因为每一种理论都不能十分圆满地解释极为复杂的学习现象，所以，它们共同构成教学设计的理论基础。建构主义观点则不仅关注教学设计如何适应学生的原有知识和经验，而且有助于领会研究性学习、合作学习等数学教学模式的重要意义。

（五）数学课堂学习评价观与教学设计

数学学习评价是数学教学不可缺少的一部分。通过评价，教师和学生可以从中获得关于学生学习情况的反馈信息，既了解到学习结果，又了解到教学过程中存在的问题，从而为改进和调整数学教学方式提供依据。评价既是检验数学教学效果的手段，又是对数学教学过程进行监控的方法。

（六）数学课堂教学理论与教学设计

1．教学理论中的教学观与教学设计

教学观与学习理论有直接的内在关系。例如，认知主义心理学派认为学习的基础是学习者内部心理结构的形成和改组，教学就是促进学习者内部心理结构的形成和改组。认知心理学家始终提倡要把学生视为一个个涌动着活力的生命体，是蕴藏着巨大的潜能并有主观能动性的个体，教学只有用发展的眼光看待，并积极关注学习者自身内在的知识建构，这样的教学才算是有意义的。建构主义强调教学不是通过教师向学生单向传递知识就可以完成的，知识也不是通过教师传授而得到的，而是学习者在一定的情境即社会文化背景下，借助于其他人的帮助，利用必要的教学资料，通过意义建构的方式而获得的。

人本主义者提出教学不仅要重视学习者的认识发展，更要重视学生个人的情感体验。人本主义心理学家认为有效的教学必须以融洽的师生关系为前提。因而，教师在教学中需要有真诚的感情，表现出对学生的信任、理解、关心，无条件地关注学生的身心健康、尊重学生的情感、欣赏赞扬学生的优点等，从而促进学生自发、愉快、积极地学习。同时，还应把充满丰富情感体验的活动引进课堂，使学习者在具体生动的感悟中促使自身成为具有独立人格的有机体。

总之，启发式教学思想的核心，即学习是学生的一种特殊的认识过程；教学是教与学交互作用的双边活动，是师生双向反馈的教学相长的过程；学生是教学的主体，教师是教学的主导；教师根据认知目标与情感目标并重的要求安排教学过程，充分调动学生的知、情、意、行等诸方面的积极性，引导学生独立自主地开展思维活动，融会贯通地掌握知识，发展智力，培养能力，实现教育目标，达到全面发展。

2．教学理论中的教学结构与教学设计

教学系统是由教学要素按其内部联系，以一定结构组合而成的具有教学功能的有机整体。教师、学生、教学信息、教学媒体构成教学系统的基本要素。这几个要素相互联系、相互作用构成了一定的教学结构。在不同教育思想、教与学理论的指导下，形成了结构形式不同的教学活动过程。

教学结构设计的根本任务是认真研究各要素间相互作用的规律，处理好各要素及其相互作用所形成的各种矛盾关系，建构一种教师的主导作用得以充分发挥、学生学习的主体作用得以充分体现、多种媒体的功能优势得以充分利用、教学内容得以完整和准确把握的新型教学模式。同时，不断发展教学模式和教学理论，探索更适应教学实践的教学设计方案。

3．教学理论中的教学媒体与教学设计

教学媒体，是指教学活动中交流、传递信息的技术工具和手段。教学媒体有广义和狭义之分。

从广义上看，一切可承载和传递教学信息的人、物和技术都属于教学媒体，包括教师、黑板、教科书、教具和模型等传统教学媒体，同时包括投影仪、电视、广播、计算机、多媒体、网络等现代教学媒体。狭义的教学媒体是指可承载和传递教学信息的现代电子媒介和技术，主要指上面所说的现代教学媒体。平时所说的教学媒体主要指狭义的教学媒体。在数学教学设计中，必须重视数学教学媒体的选择与设计，因为它直接影响到教学信息传输和表达的效果。关于教学媒体在数学教学中的作用，以及选择教学媒体的原则等已在许多教材中有论述，这里，根据当前信息技术的发展情况，提出信息技术支持下的三种教学模式，以期对数学教学设计有所启发。

首先，信息技术应用于教学的模式。近十几年来，随着计算机的发展，出现了许多高质量的数学软件。许多教师也在逐步地应用计算机和图形计算器辅助数学教学。另外，人们可以利用网络获取更多的信息，可以实现同步的远距离学习。所有这些，对于传统教育方式都产生了很大的冲击。利用信息技术，可以做许多传统教育方式难以办到的事情。

基于信息技术在数学教学中的应用，立体化教学设计主要有三种模式：利用信息技术展示问题发生、发展过程的演示模式；学生利用信息技术进行自主学习的探究模式；以学生使用计算机软件为主的研究性学习的模式。

其次，数学教学使用技术的原则。在现代教学设计中，教学媒体不是独立地存在于教学之中，而是与教学方式结合在一起成为教学策略的要素。媒体不仅要发挥传递知识信息的功能，还应在情境创设、思想方法的展开和过程体验等方面发挥作用。在数学教学中使用信息技术，应当遵循四条原则：“必要性”“平衡性”“实践性”和“广泛性”。必要性即信息技术的使用不是要替代传统的教学工作，而是要发挥信息技术的力量，做过去不能做或做得不太好的事情，以更好地组织和管理教学资源，构建交互式、多样性的学习环境，帮助学生进行数学思维和探究活动，加强对数学知识的基本理解和直觉感知。平衡性即应当使信息技术的应用与传统的纸笔运算、逻辑推理、作图列表等之间达到一种平衡。实践性即在信息技术参与下，极大地拓展了师生的实践活动空间，为学生通过丰富的活动而不仅仅是依赖语言来构建对知识的理解提供了可能，从而产生了更多的学习方式。广泛性即数学课程与信息技术整合的主要目的是丰富学生的数学学习，促使学生利用信息技术进行主动、有效的数学学习。

总之，要根据教学内容的特点及学生学习的需要，恰当地选择和运用教学媒体，有效整合教学资源，以更好地揭示数学知识的发生、发展过程及其本质，帮助学生正确理解数学知识，发展数学思维。

4．教学理论中的教学过程与教学设计

现代教学系统由教师、学生、教学内容和教学媒体四个要素组成，教学系统的运动变化表现为教学活动进程，即教学过程。教学过程是课堂教学设计的核心，教学目标、教学任务、教学对象的分析，教学媒体的选择，课堂教学结构类型的选择与组合等，都将在教学过程中得到体现。

传统的教案编写是一种单一、线性的活动，主要考虑教学目标、教学步骤和解题方法等。现代教学设计需要进行多维度、多层次的考虑和设计。它在每一个教学环节都要同时考虑教学的内容和目标、教学组织中活动的主体（学生、教师，还是由他们共同参与）、行为（探索、思考、讨论、操作等）和方式、媒体的使用、时间的分配以及对教学效果的预期等等。在一定的单位时间内对于教学诸因素进行结合，不是沿“教”这条单行线前行，而是在学与教的相互作用中朝着教学目标进行。

数学教学过程的设计不仅与教师的数学学科知识有关，更与教师能否把个人对于数学概念及其关系的本质理解转化为促进学生数学能力发展的数学任务或活动，选择有效的教学策略和方法有关。选择适当的数学任务、教学策略与方法的目的是促进学生对数学知识的理解和掌握，以及培养学生数学能力的发展。遵循数学教学设计的一般原则，选择恰当的教学策略和方法，并使这些要素形成一个有机的整体。

二、中国的数学课例研究与设计

最近，中国传统的集体教研制度，以及示范课的开发引起许多国内外学者的关注，研究者试图从中探索中国优秀数学教学的特征以及开发过程中学习到有益的经验。这些研究主要展示了中国基层学校怎样通过请专家教师设计和改进示范课来面对新课程实施引起的内容和教学方法方面的挑战，以及学校教研组怎样通过指导新任职教师做示范课，帮助年轻教师提高教学技能。以骨干教师或专家教师等组成的实践共同体通过合作设计，为他们提出问题或改进意见；同时，教师通过不断进行教学实践，反思教学的效果，接受专家的指导，可以逐步达到对教材、教学任务的问题设计与练习内容的深刻理解。

中国基础教育在长期的实践发展中不仅建立起了以教学研究为职能的机构、教研制度，而且形成了广泛的以教学研究为内容的教研活动，其中最典型的就是以集体备课、上观摩课、听课、评课为主要方式的集体教研活动。在新一轮课程教学改革的推动下，“校本教研”作为以学校为基础的在职教师研究教学的活动再次得到空前的重视。

当前，校本教研活动的参与者一般由学校管理者，师范大学或教育学院、当地教研部门组成的专家，学校一线教师的共同体组成，以“聚焦课堂”作为当前校本教研活动的核心，即“实践反思、同伴互助、专业引领”。以课例为载体，强调专业引领和行为跟进，通过共同经历原行为阶段、新设计阶段和新行为阶段来改进教师的课堂教学。教师在前两个阶段、后两个阶段之间会有两个不同类型的差距——同时也是教师更新理念、调整行为的过程，教师正是在这个行动过程中获得了较大的收益。

进入 21 世纪以来，伴随新一轮国家课程改革的开展，又增加了“推广基础教育改革中优秀的教学经验”的责任。

教研组活动一般包括课前关于教学计划的讨论，帮助教师准确地把握知识的重点与以往教学中出现的难点，并据此合理地对教学内容进行安排，这是中国集体备课中关注的首要问题。课后的讨论一般包括两部分：一部分是针对教学过程中存在的问题进行讨论；另一部分是通过充分的讨论形成新的教学设计，为新一轮的教学做准备。

中国的教研系统主要针对在职教师的专业发展。其一，教师通过参加上公开课、观课、评课等教研组活动，可以加强自我学习，以及获得向其他同行学习的机会，增强实践智慧；其二，形成对数学内容的深刻理解；其三，在行动中学习和运用数学教学理论。

第四章　基于核心素养的初中数学课堂学习评价

第一节　采取定性与定量相结合的综合性评价方法

一、综合性评价方法基础理论

建构主义作为一种新的学习理论，对教和学提出新的解释，学习不是简单地由教师把知识传递给学生，而是学生自己建构知识的过程，是根据自己的经验背景，对外部信息主动选择加工处理，对信息重新认识和编码，建构自己的理解的过程。从建构主义的立场出发，数学课堂里，教师应真实了解学生的思维活动，善于在学习建构过程中运用多样的评价手段，引发学生认知上的冲突，从而达到学生新的认知发展。因此，对学生学习的过程评价要比对学习结果评价更为重要，也就是说在评价的内容上我们既要关注学生数学学习的结果，更要关注他们在学习过程中的评价。

学生课堂评价对我们改进教学和促进学生学习具有指导、调控等作用。上述学习过程对于学生来说是一种自我评价，是一种主动参与学习的体验，增强了学生对学习的自信心，这一活动就是过程评价。长期以来，教师只定量关注学生考试成绩，评价过程经常是教师“忙”，学生“闲”。教师精力重在关注试卷分数，而忽视了学生参与评价的过程，即忽视了学生对试卷的定性评价，过低的参与度导致学生对评价结果的反馈和运用过程不了解，大大降低了学习的积极性，与当下倡导的核心素养格格不入。课堂学习评价是与教学过程并行、同等重要的过程，它是教与学主要的、本质的、综合性的一个组成部分，应贯穿于教学的每一个环节。定性与定量相结合的综合性评价要体现一种建设性的评价观，注重评价学生行为表现的过程，评价的目的在于帮助学生，而非惩罚学生。

现行课程标准中课堂学习评价倡导评价主体的多元化和评价标准的差异性。要求评价指标和标准多元、开放和具有差异性。重视指标量化的同时，更加关注不能直接量化的指标在评价中的作用，强调定性评价和定量评价的综合运用。

所谓定量分析，就是依据数据建立数学模型，并运用数学模型，计算出分析对象各项指标，从而作出评判的一种分析方法，它最大的特点就是用数据说话。定性分析就是凭直觉、经验，凭对学生过去和现在延续的状况和最新信息，对分析对象性质、特点、发展规律作出评判的一种方法，它的最大特点就是重视过程评价，看重学生学习过程中反映出来的学习态度、学习兴趣、意志力、价值观等非智力因素。两者相辅相成，定性是定量的依据，定量是定性的具体表现。

多元智能理论是美国心理学家霍华德·加德纳（Howard Gardner）博士提出：多元智能理论认为每个人都同时拥有八种智能，只是这八种智能在每个人身上以不同的方式、不同的程度组合存在，使得每个人的智力都各具特色。多元智能理论背景下的课堂学习评价从过去只关注知识的传授，转变到关注学生在数学活动中所表现出来的情感态度，帮助学生认识自我，建立信心。评价要关注学生个性差异，每个学生个体都是独一无二的发展主体。后现代主义理论认为：教学评价不能以绝对同一的尺度去度量学生的学习水平和发展程度，要给学生的不同见解留有空间。课堂学习评价不仅仅是对当下状况的价值判断，更应开展下一步学习活动的逻辑起点，其功能是促进学生充分发挥主观能动性。核心素养下的评价要遵循学生的身心发展规律与认知规律，全面体现先进的教育理念和教育思想。由于学生个体是千差万别的，所以，学生的发展也是多方面的，评价目标应是多维的，评价内容应是综合的。

核心素养下的课堂评价的基本特点就是坚持以人为本，始终把人的发展放在首位，就数学学科而言，评价的目的是培养他们的科学精神、审美情趣、实践创新等核心素养，促进学生的全面发展。这从另一个角度说明开展综合性评价，对落实学生核心素养有多么重要。

二、综合性评价方法设计实施

（一）重视对学生数学学过程的综合性评价

课堂学习评价包括终极性评价和过程性评价，长期以来，教师关注较多的是卷面分数，即结果评价，而忽视过程评价。不同学习个体，由于个性以及知识结构等方面存在诸多差异，因此，只看分数不看过程的评价显然是片面的，不利于学生全面发展。关注包括过程评价在内的综合性评价，有利于发展学生个性，有利于培养全面发展的人，真正体现以生为本，也体现以“培养全面发展的人为核心”的核心素养，值得强调的是能否关注学生的过程评价。

事实上，生生、师生之间的对话、互动、交流就是一种评价过程。学生核心素养下的课堂评价考查的一个重要因素是科学精神和自主学习，考查学生是否具有理性思维，批判质疑和勇于探究的科学精神；考查学生是否具有积极的学习态度和浓厚的学习兴趣，掌握适合自己的学习方法。这样的定性评价不但帮学生搞清了无理数的概念，还有效培养了学生相关的核心素养。

（二）重视对学生学习过程中表现出的非智力因素培养等全方位评价

长期以来，谈到课堂评价，提及最多的是考试（称为学业成绩单维评价），主要是课内知识。这样的评价仅仅考查了课堂学习评价的一部分，却被视为学生整体的表征，或被当作学生整个人格价值的表征。这种考试评价的单一性并未体现考试的测试性和选拔性。现代教育理念评价内容要综合化，既重视基础知识方面的评价，更重视对学生在此过程中表现出来的创新、探究、实践、合作、情感与态度等多方面的评价，着重考查下面五个内容。

第一考查内容关注的是基础知识、基本技能，分三个等级，仅仅考记忆属于合格等级；考知识结构重建属于良好等级；考把知识内化为自己的知识、纳入自己完整的认知结构属于优秀等级。第二个考查内容是知识迁移能力，比第一内容要求高些，不同的学生会有不同的评价标准。能够举出一般性例子，说明学生基本具有把数学知识迁移到新环境中的能力，所以，评价为良好。如果学生能很好地解释生产生活中的问题，属于优秀。第三、第四考查学生的实践创新能力，画图关注动手能力，作辅助线关注创新能力。也分别列出了及格、良好、优秀等不同等级。第五考查的是学生的学习能力，关注的是学生是否具有学习的核心素养，与当下国家提倡的发展学生核心素养高度吻合。由于学生的发展是多方面的，教师评价也应是全方位的，评价内容也应是综合的。

（三）重视对学生在学习过程中表现出来的理解能力、认知能力等不同程度的差异性评价

让学生展示自己独特的思维方法，体现了学生的不同思维水平，给了学生更大的探索和感悟的空间。于是，学生能借助教师的评价性语言跳跃到另一个领域去探讨，这是学生思维火花的闪现，也是学生个性的体现。评价不是静态的、功利的；而是动态的、发展的。评价目标是多元的、评价方法是多样的。核心素养

下的课堂评价要求我们突破以评价学习结果为主的单一的评价模式，打破评价的终极性缺憾，让评价更有暖色情调和人文因素，从而建立了定性与定量相结合的综合性动态评价体系。

第二节　运用基于生长理念的多样化学习评价方法

一、生长理念的多样化学习评价方法基础理论

教育家杜威指出，教育即生长，教育即生活。教育就是不断地生长，在教育自身之外，没有别的目的。绿色、生态、可持续发展应是生长理念下的基本特征。学生核心素养下的评价方法，应为学生创造良好的学习环境，其中包含课堂学习评价环境，尊重学生生长的客观规律，通过多样化评价，精心呵护学生的学习兴趣和好奇心，最终让学生健康、自主、和谐地成长。生长理念下的评价方式，给每一个孩子提供机会，使不同水平的孩子在原有的基础上得到良好的发展。

这种评价的特点一是肯定学生的美好愿望，呵护学生积极向上的心理品质，二是引领学生向更美好的品质发展，把情感熏陶（积极履行公民义务）、积极的人生态度（帮助他人快乐）潜移默化地植根于学生心灵中。“人性中最根深蒂固的本性是想得到赞赏。”智慧而又巧妙地运用“赞赏”式评价，能引发学生自我生长。这就是下面要谈的赞赏式评价。

（一）赞赏式评价

赞赏是多样化学习评价中常见的方式。心理学认为，每个人都有渴求被肯定、被赞扬的欲望，何况学生？这里要防止出现简单的肯定和泛滥的赞扬，赞扬要实事求是。“赞赏”就是当教师敏锐地捕捉到学生发言交流中的“生长点”时，在肯定中巧妙地蕴含思想引领，其他学生在教师融思维引领于赞赏的评价中得到“生成”的暗示，具有思维的方向，实现生长。

（二）跟进式评价

跟进式评价能把学生思维一步步往前推，使其能够向更深更广处探索，得到发展。跟进式评价是对事物的深入挖掘，教师依据文本内容，凭借对学生思维发展程度，在关键处、疑难处、出差处评价跟进，学生的理解就会由表层走向深入，由肤浅走向深刻。学习在本质上是个体主动建构的过程，具有生长力量的评价就

是在教师的跟进与指引下，学生主动建构。错误资源往往是跟进生长的出发点。当学生出现思维定式时，教师通过跟进引导评价引导学生多角度思考，当学生的理解出现偏差时，教师可跟进评价“请联系概念和性质再想一想”。

（三）延伸式评价

延伸式评价是指在某一个教学环节结束后，教师对学生的课堂表现及时进行恰到好处的延长、伸展。延伸式评价的目的在于把问题引向深入，使学生无意识或模糊的认识清晰化，理解程度得以提升。延伸式评价有利于促进学生自省自悟，自主发展，有利于引发他们进一步思考，有利于激发他们积极探究的欲望。延伸式评价是“点灯”，能照亮学生自我生长的方向。延伸式评价作为基于生长理念的多样化评价的具体方法与核心素养高度契合。

（四）交互式评价

课堂评价不应只有教师评价学生，还应有师生间的交互式评价。交互式评价即教师对学生的回答做出评判，学生对学生的回答做出判断，学生对教师的评价做出判断。在这种循环往复、交错提升的动态评价中，教和学充分融合，学生核心素养得以生根落地，实现了师生共同生长。

在传统课堂学习中，评价者（教师）与被评价者（学生）基本上是管理者和被管理者的角色，学生对评价结果大都处于不得不接受的被动状态，对于评价本身更是拒绝大于欢迎。随着新课程理念的落地生根，学生也成为评价主体的一员，即提高了学生主体地位。将评价变成了主动参与、自我反思、自我教育、自我发展的过程，同时在相互沟通中，增进了双方（师生，生生）的了解和理解，有利于被评价者接纳和认同评价结果，促进师生共同发展，真正体现以人为本的核心理念。

认识生长理念下的课堂评价要做到两个需要。

一是动态课堂的需要。课堂中的运动变化是教师与学生、学生与学生、教师和学生与文本等因素的相互作用构成的。动态的课堂具有不可预见性，核心素养下的课堂评价需要以动态的、生成的眼光来看待、审视。评价主体是教师和学生，评价的最终目的是使学生获得生长，在此过程中，教师要促进不同层次学生得到不同程度的发展评价。核心素养下的课堂评价并不独立于课堂教学过程之外，其本身就是教学。

二是基于学生的需要。学生需要地位，他们具有主观能动性，是课堂真正的主人，课堂评价要尊重他们的主体地位，依据学生身心发展规律，激发其好奇心和求知欲，引导他们自由生长。学生需要认知，基于学生心智发展不成熟，教师课堂学习评价既要肯定他们理解的精彩之处，也要敢于否定他们理解中的偏差，明确指出对问题理解的症结所在。学生需要成长，核心素养下的课堂评价的最终目的是发展全面的人，基于生长理念下的课堂评价要始终以学生的成长需要为第一目的。教师应了解、关注学生原有的认知水平、已有经验水平，以发展的眼光关爱他们，当他们认识上有偏差，理解上有错误时，要及时恰当地给予正确引导。只有当课堂评价起到引导功能时，学生才能乐于学习，善于学习，学生核心素养“学会学习”才能落地生根。

探寻生长理念下的课堂评价的基本做法有二：其一，把握评价的“点”；其二，掌握评价的“法”。

其一，把握两点。一是学生。只有认识、了解学生，才能知道怎样的评价能有利于学生的发展，评价实践才会基于学生，真正为了学生。要研究学生的“已知”和“未知”，教师只有对他们的“已知”和“未知”有了科学把握，才能在评价时知道学生在“哪里”。要揣摩学生的“共性”和“个性”，学生年龄相仿，学历相近，对事物的认识理解有相似的观点，学生又来自不同家庭，是各不相同的个体，自然有不同的见解，教师只有对学生的“共性”和“个性”充分揣摩，才能从容面对可能出现的不同生长点，课堂评价才会有的放矢。二是教材。教材是教师与学生对话的载体，教师要发现教材所承载的知识、能力、情感、态度、价值观等方面的关乎学生的生长点，把他挖掘出来，利用好。核心素养由知识、能力、态度等综合化而来，研究表明，只有致力于学会学习，学会思维，才能把知识转化为能力。

其二，掌握评价的“法”。课堂是动态的，具有不可预见性，因此，生长理念下的评价没有固定模式，在具体实施中教师要有针对性和指引性思维。针对性是生长的基石，学生最大的特点是发展性，课堂评价应在促进学生发展上有所担当。学习本质上是个体主动建构的过程，具有生长力的评价就是在教师的指引下，学生主动建构。

但纵观初中课堂教学，由于种种原因，极大影响了学生核心素养的发展，影响了核心素养在课堂教学中的落地生根，因此，基于生长理念下的多样化课堂学习评价做一些有益探索和实践，十分必要。

二、“生长”理念下数学生长课堂有效教学研究

（一）生长课堂及课堂教学中贯彻“生长”理念的意义

1. 生长课堂概述

“生长课堂”是一种遵循由内而外的生长规律，尊重生命主体，具备良好学习生态环境，学生生命对话的课堂。“生长课堂”不仅传递知识，更创造文化，使学生不断完成自我生成与建构，达到符合其个性、合适、连续地生长的目的。“生长课堂”以尊重每个学生的生命尊严为出发点，课堂的一切教学活动以服务学生自由生长为根本，尊重每个生命个体的不同，关注生长的不可预知性和变化的经常性特征，还课堂教学应有的真实、和谐、平等、愉悦的自然状态。竹子的生长过程很好地诠释了“生长理念”：一根竹子从根茎中优胜劣汰破土而出靠的是自身的能力。学生的生长正如竹子的生长。我们的孩子要想真正学会主动学习，主观上是需要自我驱动力的。我们的“生长教育”也要像阳光、土壤和雨露一样，用“生长”之师育“生长”之人。

认识了生长课堂的内涵本质，就可以在教育领域拓展它的外延。“生长”可以迁移到班会、团队、活动、群育……还可以有生长德育、生长管理、生长演讲……由此可见，生长课堂的外延非常广泛。

2. 课堂教学中贯彻“生长”理念的意义

其一，优化课堂教学组织形式。传统的数学课堂教学往往采用被动式和灌输式的教学模式进行知识讲解和技能传授，这种固定、单一和陈旧的教学组织形式，使得学生的新鲜感不足，学习积极性不高。而积极地贯彻“生长”理念，可以促进教师构建互动式、交流式与合作分享式的课堂，对教学形式进行不断的优化，给予学生浓浓的新鲜感。

其二，促进教学效益提升。原有的数学课堂教学中存在着各种各样的问题和不足，使得教学的质量不够高，作业负担过重，教学效益过低。而积极地在课堂教学中贯彻“生长”理念，善于设计课堂学习活动，注重课堂知识的生成，可以让学生更加积极主动地投入到对具体数学知识内容的讨论和研究之中，提升学生的学习思维力，进而在动态化的课堂教学中实现教学效益的不断提升。

其三，促进教师教学观念的转变。从以往的教学情况来看，部分教师受到应试教育理念的影响，使得课堂教学效益不高。积极地在课堂教学中贯彻和落实“生长”理念，可以有效地促进教师课堂角色的转变，由以往知识的教授者变为学习

的引导者、合作的组织者、疑难问题的解决者。角色的变化将促使教师教学观念的全面转变，更注重课堂育人的价值、素养的落地。

（二）“生长”理念下数学课堂有效教学

1. 结合课程教学要求，积极做好准备工作

课前准备工作包括精准分析教材，有效了解学情和科学设置教学目标。每位教师只有在具体的课堂教学之前，做了充分而全面的教学准备工作，才能在后续的课堂教学中有序进行教学组织，有效进行知识讲解。教师还需要根据学习活动和课程标准的要求，充分做好教学工具准备，比如学习资源、课件、预习单、探索单、评价单等。

例如教学“混合运算”，老师要做好以下准备：其一，学情分析。教师可以通过互动交流、师生访谈和展示评价的方式，对每个学生的基本状态、个人数学基础知识储备情况、个人学习能力等，进行精准化和透彻化的把握。其二，教材研究。教师需要认真对教材的知识点组成、重难点与核心点进行把握，准确定位合理的课堂学习目标，如了解混合运算的内涵和意义，掌握混合运算的算理算法，能够运用混合运算法则进行实际问题的解决。其三，小组划分。教师要在准备环节合理地进行小组划分，在小组划分中体现特质互补，让每个小组成员学习素养相对均衡。在小组划分过程中让学生参与讨论交流，提出合理划分的意见，为后续有效教学打好基础。其四，教师根据教学重难点，设计有效的预习单、探索单和评价单，为学生学习活动提供“脚手架”，为学生高质量学习提供有效资源。

2. 创设教学情景，有效进行问题导入

“生长”理念下课堂的导入应当是充满趣味性的，而从实际的课堂导入情况来看，课堂导入的生动性、趣味性还不够高，导致课堂导入环节学生不积极主动，无法有效地激发学生的学习好奇心、求知欲和数学学习思维，自然不利于学生在后续有效地进行展示与分享。教师要了解学生，知道学生现有的智力素养、生活经验、兴趣点、差异点等，根据学生学习兴趣爱好、年龄特点以及生活经验，创设游戏化、故事化和生活化的活动主题情景，让学生感到熟悉而又亲切、轻松而又有趣，在充满活力的生活气息中探索新知，不断地激发学生的学习好奇心和求知欲。

如教学“圆的认识”一课时，利用现代信息技术创设了一个学生感兴趣又生活化的动物运动会的情景。动物朋友们骑的自行车的车轮是它们自己设计的，有的车轮是圆形的，有的车轮虽然是圆形的，但车轴不在车轮上，有的车轮是正方

形的，有的车轮是椭圆形的，有的车轮是长方形的。让学生猜测：比赛结果怎样呢？为什么会是这样？车轴为什么要装在圆中心？怎样找出圆的中心？学生学习兴趣浓厚，生活经验丰富，经过激烈讨论，验证了自己的猜想，达到了学习目标。再如，在教学“条形统计图”时，借助微课视频为学生呈现应用条形统计图的案例，借助条形统计图展示班级学生的成绩、班级学生的兴趣爱好等等。形象化地展示激发学生的讨论热情，并让学生对该节课的教学主旨有一个大概的感知。随后借助思维导图出示具体的讨论问题：什么是条形统计图？生活中在什么地方运用条形统计图？条形统计图有什么意义和作用？这些具有较强启发性的问题激发了学生的好奇心和求知欲。

3．积极开展合作学习，有效强化教师指导

“生长”理念下的数学课堂教学应该是尊重生命，充分互动、分享交流，教师有效履行自身职责的。教师需要积极地转变学生观、课堂观，改变教学思路，并积极地在课堂教学中引入合作学习模式，明确组内记录员、实验员、回报员、观察员等职责分工，让学生动手实践、自主学习、分享交流和评价反馈，进行自由和开放式的讨论和探索。同时教师进一步强化有效指导，帮助学生破解学习瓶颈，让学生真正成为课堂的主人，在活动中自由生长，提升自己的学习力。

如在教学“平行四边形的面积”时，老师引导学生以六人为小组形成学习共同体，给学生提供长方形、正方形、平行四边形卡片，剪刀，直尺等学具，每组发放预习单、探索单、评价单，对平行四边形的面积公式、计算方法等内容进行自主学习、小组合作讨论和展示分享，让学生通过猜测——实验——验证方法经历平行四边形的面积推导过程。过程中老师积极地给予学生鼓励，让学生剪一剪、拼一拼、说一说、议一议、评一评，勇敢地说出自己的解决思路和解决方法，同时认真和同伴进行协作，用心聆听其他同伴的发言。此外，老师针对存在的问题，让学生找出问题存在的原因，指引学生改进的方向。合作学习活跃课堂教学氛围，激发学生数学思维。

4．分组进行成果展示，全面进行合作总结

当学生学习活动进入尾声时，教师要适时引导，让每个小组派出代表，进行成果展示分享。教师注意引导学生表达完整，以提高学生的表达能力，培养学生良好的倾听习惯，促进学法多样化，提升学生发散思维能力，注重方法的优化，通过探究、对比和筛选，引导学生找出最优方法。分享展示的同时，让其他学生给予客观合理的评价，并对课堂的合作学习进行全面的总结，从而有效地巩固课堂的学习效果，促进教学效益大幅度提升。

例如，在合作学习了“平行四边形的面积”内容后，一方面，教师要引导每个小组进行展示，对具体的学习过程中遇到的问题、解决思路、最终成果等进行细致阐述。先在组内讨论达成共识并填写探索单，并在该过程中引导学生进行跨组交流、全班交流，进一步进行成果分享，展示各组推导方法和过程。另一方面，让学生进行评价，教师要引导学生从细节入手，积极地从正反两个方面对不同小组在合作学习中的得与失进行分析，并针对取得的成果给予鼓励，对存在的不足指引改进的方向，巩固课堂合作学习效果。

数学教师要全面在课堂教学的各个环节贯彻和落实“生长”理念，在教学中以服务学生生长为根本，以促进学生提升为目标指引，积极地探索“生长”理念下数学课堂有效教学的方法和对策，并在具体的教学实施中结合课程教学要求，积极做好准备工作，创设教学情景，有效进行问题导入，积极开展合作学习，有效强化指导，分组进行成果展示，全面进行合作总结等，真正地在“生长”理念的指引下，完善数学课堂教学的各个模块、各个环节，实现教学质量和教学效益的双提升，为每个学生较好地发展夯实基础，让学生在自由快乐的环境中充分生长。

三、生长理念的多样化学习评价方法设计实践

（一）赞赏式评价

赞赏是多样化学习评价中常见的方式。心理学认为，每个人都有渴求被肯定、被赞扬的欲望，何况学生？这里要防止出现简单的肯定和泛滥的赞扬，赞扬要实事求是。“赞赏”就是当教师敏锐地捕捉到学生发言交流中的“生长点”时，在肯定中巧妙地蕴含思想引领，其他学生在教师融思维引领于赞赏的评价中得到“生成”的暗示，具有思维的方向，实现生长。

赞赏激励评价的原则是教师在课堂教学中，将学生的优点和长处放在首位，寻找闪光点，激励他们创新。采用赞赏性评价，有利于营造一个积极向上的良好氛围，最大限度调动学生积极性。赞赏激励评价有利于帮助学生认识自我，建立信心，享受成功的快乐；有利于尊重、维护人的尊严价值，关切人的发展和幸福，让学生核心素养真正落地生根。

（二）跟进式评价

跟进式评价能把学生思维一步步往前推，使其能够向更深更广处探索，得到

发展。跟进式评价是对事物的深入挖掘，教师依据文本内容，凭借对学生思维发展程度，在关键处、疑难处、出差处评价跟进，学生的理解就会由表层走向深入，由肤浅走向深刻。学习在本质上是个体主动建构的过程，具有生长力量的评价就是在教师的跟进与指引下，学生主动建构。错误资源往往是跟进生长的出发点。当学生出现思维定式时，教师通过跟进引导评价引导学生多角度思考，当学生的理解出现偏差时，教师可跟进评价“请联系概念和性质再想一想”。

教师的指引和跟进要由浅入深，由单一到多向，从简单到复杂，使学生在原有基础上向纵深处思考，实现知识生长，能力提高，品质建构，让学生核心素养真正落地生根。

教师有很强的分辨能力，他能根据学生回答问题的准确性，客观地指出学生的长处以及存在的问题，而不是一味地使用“好”“真棒”“不错”等类似语言。这样的跟进及时指出了学生的错误理解，纠正了学生思维发展偏离的航向，使模糊的概念得以澄清，从而提高了学生的认知能力和思辨能力。基于生长理念的跟进式评价有利于提高学生的质疑精神，有利于培养学生的理性思维，有利于培养学生勤于反思的好习惯，无疑对学生核心素养落地生根起到夯实基础的作用。

需要说明的是，跟进式评价不应只关注学生的知识与技能，还应关注他们的能力、方法、思想、情感、态度、价值观等。跟进式评价的方式可以是先否定（或肯定）后直接告诉努力的方向，没有固定的方式。

（三）延伸式评价

延伸式评价是指在某一个教学环节结束后，教师对学生的课堂表现及时进行恰到好处地延长、伸展。延伸式评价的目的在于把问题引向深入，使学生无意识或模糊的认识清晰化，理解程度得以提升。延伸式评价有利于促进学生自省自悟，自主发展，有利于引发他们进一步思考，有利于激发他们积极探究的欲望。延伸式评价是“点灯”，能照亮学生自我生长的方向。延伸式评价作为基于生长理念的多样化评价的具体方法与核心素养高度契合。

后现代主义理论认为：21 世纪是开放的。多元的世界可容纳每个学生的奇思妙想，创新已经成为这个社会、个人发展的动力源，学生发展核心素养之一就是要培养具有创新精神和时代特征的人。学生个体的发展都离不开活动过程，教师应尊重学生个体差异，注意学生主体性和创造性的发挥。教学不能以绝对统一的尺度去衡量学生的学习水平和发展程度，要给学生不同的见解留有一定的空间。

（四）交互式评价

课堂评价不应只有教师评价学生，还应有师生间的交互式评价。交互式评价即教师对学生的回答作出评判，学生对学生的回答作出判断，学生对教师的评价作出判断。在这种循环往复、交错提升的动态评价中，教和学充分融合，学生核心素养得以生根落地，实现了师生共同生长。

在传统课堂学习中，评价者（教师）与被评价者（学生）基本上是管理者和被管理者的角色，学生对评价结果大都处于不得不接受的被动状态，对于评价本身更是拒绝大于欢迎。随着新课程理念的落地生根，学生也成为评价主体的一员，即提高了学生主体地位。将评价变成了主动参与、自我反思、自我教育、自我发展的过程，同时在相互沟通中，增进了双方（师生，生生）的了解和理解，有利于被评价者接纳和认同评价结果，促进师生共同发展，真正体现以人为本的核心理念。

教师评价学生，学生点评教师，学生点评学生。来自他人的信息被自己吸收，而自己的感悟、思考又会被别的评价唤起，迸发出新的智慧火花。这种实践交互式评价精心呵护了学生的求知欲和想象力，鼓励学生大胆表达自己的真实想法，哪怕是烦琐甚至是错误的。长此以往，学生的反思力、批判质疑的科学精神得以充分发展。

第三节 以形成性评价贯穿课堂教学各个环节

一、形成性评价基础理论

形成性评价最早由布鲁姆引进教学领域。它是指通过多种评价手段和方法（包括观察、活动记录、测验、问卷、访谈、学习日志等）对学生学习过程中表现出来的兴趣、态度、参与活动程度进行评估和评判，对他们的数学抽象、逻辑推理、数学建模、实践应用进行判断，对他们的学习尝试进行肯定，对他们的学习进展进行持续性评价，形成性评价的特点是即时性。课堂上学生的思维力、学生的各种反应、学生个体间的差异反应在不断变化，这就要求我们的教师应根据课堂实情发展、学生个体差异等作出即时评价，呵护学生的学习积极性，时时处处体现以生为本的核心理念。

数学知识的获得往往是思维的结果，教师要引导学生学会评析自己、反思自己、纠正自己、欣赏自己。这样不仅可以让其自身认识到知识本身的价值，体验到思维的价值，而且在这个过程中学生能主动将知识发生、认识、整理的全过程完全展现在他人面前，培养学生学会良好的自我监控，同时教师和其他学生则可以依据他的自我评价去理解他分析问题、解决问题的思考方式和思维过程，并针对所暴露出的问题给予特定的帮助、纠正，这对于学生核心素养的提升，保证数学核心素养生根落地将起到重要作用。

在上述课堂中学生在一系列的生生评价和师生评价中，不仅仅是简单地陈述自己的选择（对结果进行终结性评价），而是展现出自己的思维过程（对思考过程进行的评价），学生用自己所感、所见、所想来作以解释，以数学的视角来进行思考并加以处理，从而得到结果。这种自我评价的方式不仅为学生搭建展示自己思维的舞台，而且培养了学生自我质疑和自我解疑的评价机制，培养了学生勇于探究的科学精神，这些都是核心素养的具体体现。由此可见，基于核心素养视域下的课堂学习评价要着眼于评价方式的转变，评价要全过程，全方位，贯穿到整个课堂的不同阶段。教师在课前要进行诊断性评价，了解学生的学情；在课中要进行形成性评价，监控学习活动的有效性；在课后要做达标检测，使不同的人在数学学习上有不同的发展，人人有收获。

课堂学习评价是对学生在课堂学习活动中所表现出来的学习态度、思维品质、团队合作精神等作出判断，调整学习方向，促进学生进一步发展的手段。随着课程改革不断深化，获取知识的过程比知识本身更重要，人的全面发展远比取得几个分数重要，这样的理念已经被愈来愈多的研究者和一线教师认同。中国学生发展核心素养，由三大方面六大素养十八要点组成，其中科学精神是不可忽视的核心素养。科学精神包括理性思维、批判质疑、勇于探究，要求学生能理解和掌握基本的科学原理和方法，尊重事实，有严谨的求知态度，逻辑清晰，能用数学的思维方式认识事物、解决问题；有问题意识，能独立思考、独立判断，思维缜密，能多角度、辩证地分析问题；有好奇心和想象力，不畏困难，有坚持不懈的探索精神，能大胆尝试，积极寻求有效的问题解决方法。由此可见课堂学习评价已经从过去的只注重分数，唯分数论转变为关注学生的科学精神和人文底蕴等的核心素养，这样的课堂学习评价对于核心素养在课堂教学中落地，具有不可估量的价值和作用。

核心素养视域下的课堂学习评价基本特点是关注人的发展，这是学生发展科学精神的重要保障，在课堂学习中，教师目中有“人”，不仅关注学生的过去（过去的知识积累，学习品质），也重视学生当下课堂的表现（包括学习态度，质疑精神，用数学的方式思考问题等），更关注学生未来的发展（成为有一定科学精神的人），这也从另一方面说明了对核心素养落地的重要性。

形成性评价不仅改进了教学工作，提高了课堂学习效率，形成了适合于教学对象的重要手段，而且是促进学生核心素养落地生根的重要抓手。形成性测试能使学生明确是否已达到了阶段目标、存在的问题及今后的努力方向，从而调动他们的积极性，增强其自信心，以起到强化学习活动的作用。经过分析，可以找到测验中产生错误的原因，为学生克服学习上的困难提供有效信息，同时也为确定新单元的学习目标提供必要依据。根据对存在问题的分析，给学生及时的辅导和帮助，使他们自觉地改正错误，提高学业成绩。

课堂学习中的形成性评价有利于为学生的各个学习阶段明确规定学习目标，使学习不偏离方向；有利于不断调整学习活动和内容；有利于呵护他们的学习积极性；有利于为学生学习上的困难提供有效信息，为确定新单元的学习目标提供必要依据。课程改革不断深化，并且评价在学生的终身发展中所起作用越来越重要。

二、形成性评价的特点、原则、功能和方法

（一）形成性评价的特点

作为教学评价的一种，形成性评价注重的是教师的教学过程，学生的学习过程，它评价的不仅仅是知识、技能的掌握情况，还包括学生在教学活动中的情感、态度等。因此，它具有以下七个显著的特点。

1. 评价内容的综合化

在评价内容上，改变将知识作为评价体系唯一内容的状况，鼓励知识以外的各方面能力的发展，如创造力、合作意识与实践能力等方面的发展。它除了评价学生掌握教学目标所要求的知识内容的水平，还评价学生的情感、态度以及学习策略等在教学过程中的变化和改进。

2. 评价方法的多元化

在评价方法上，通常将其分为质性评价和量化评价两种。其中质性评价包括行为观察、访谈、档案袋等；量化评价则依赖于各种测试，显而易见，量化评价无力评价学生的情感、策略等。形成性评价将这两种评价方法有效地结合起来，

摒弃将测试作为评价的唯一途径，这就使得评价更加全面有效。

3. 评价主体的多样化

在评价主体上，形成性评价否定只进行的教师评价，它认为评价的主体是多样化的，包括教师、学生、家长和社会，通过自我评价和相互评价，使其不再被动地接受知识，而是自主地参与到教学过程中，主动学习。

4. 评价标准的多元化

在评价标准上，形成性评价既考虑到教学大纲要求达到的标准，又充分考虑到学生发展变化的个人标准，二者相辅相成，体现与时代特征相吻合的民主精神与人文情怀，共同促进学生的健康发展。

5. 评价更加人性化

形成性评价突破了传统评价过于强调甄别与选拔的功能，它尊重学生的个别差异和个性特点，切实关注其内在需要。学生在教学过程中的表现被很好地记录下来，从而为他们的学习提供最佳的反馈，有助于他们找到符合自身发展的有效的学习方法。同时，师生关系也得到极大改善，逐渐形成了一种更加民主、更加密切的关系，这种关系反过来又有助于刺激学生的积极性与创造性。

6. 评价具有过程性

形成性评价不单单注重学生学习成果的质量，更注重他们的参与过程和学习成长过程。它是在教学过程中，通过及时地改进教学计划、调整教学行为，来激发学生的学习热情，增强自信心，培养合作精神，进而提高教学质量。同时，教师也可以在这一过程中不断完善教学方法。因此，形成性评价具有过程性。

7. 评价具有发展性

形成性评价的最终目标是促进学生的发展，在教学过程中，要切实考虑到学生的内在需要，凸显评价的激励、导向和调节的功能，要看到学生的每一次进步，而不是对他们进行分等级比较，除了要关注其现有的发展水平，还要看重其潜在的发展性，促进他们的不断进步，获得持续发展的能力。

（二）形成性评价的原则

1. 发展性原则

发展性原则是当代教育评价的重要原则，是建立在科学发展观上的原则。它是指在评价中要发现学生存在的问题，通过反馈信息，及时改进教学，关注学生的学习过程，促进其持续的发展。而不是单纯地判断好坏，更不能划分等级。发展性原则的中心思想是围绕学生的发展，教师在教学活动中，应根据反馈信息对学生提出具体可行的改进建议，激发他们的学习热情，促使其自主地学习，实现发展的目标。

2．客观性原则

客观性原则是指评价工作应以被评价对象的客观情况为基础，实事求是地进行判断。在形成性评价过程中，评价者如果不尊重事实情况，仅凭自己的主观臆断，很可能得到不同的评价结论，甚至是相反的结论。比如在学生进行自评时，可能出于对自身缺点的包庇，产生不正确的评价，干扰了教学过程的进行；在同伴间相互评价时，会因为和某个人的关系好或者不好，而给出不公正的评价，这在一定程度上影响了评价的准确性。要在评价中要遵循客观事实，努力消除主观因素的干扰，追求评价结论与客观事实的一致性。

3．多元性原则

多元发展是新的文化价值观下教学评价的“应然”走向，多元性原则指评价内容、方法、主体、标准的多元化，多元性的原则让评价结果更具有说服力。

形成性评价的多元性不仅表现在对学生学习知识、技能掌握情况的关注，也表现在对其情感、态度、策略等方面的关心。比如在评价方法上，采取观察、访谈、档案袋等多种方式进行评价；在评价主体上，不单单只进行教师的评价，还可以有学生的自我评价、相互评价，家长以及社会的评价，实现主体的多元化。

4．全面性原则

全面性原则是指评价应包括教学的方方面面，对其进行整体的价值判断，不能局限在某一方面。即在评价的过程中，要尽可能地收集各个方面的信息，除了要注重学生的考试分数，还要着重考察其表现出来的态度、情感等，进而给学生以更全面的评价。在进行形成性评价时，要着眼于学生应用知识的能力，不能以偏概全，没有了解到相关的反馈信息就进行判断。

5．过程性原则

评价是教与学过程的重要组成部分，要落实于学生学习活动的全过程。在形成性评价中，要尊重学生的个性化差异，强调他们的个性发展，关注过程性内容。评价只有在过程中进行，才能对学生各个方面的表现作出合理有效的评价，以便根据学生变化的需求，及时纠正他们的不良行为，改进教学。所以，遵从过程性原则，就是不单单关心学生学习效果，更看重其参与过程的表现。

（三）形成性评价的功能

形成性评价涉及教学全过程以及全部的活动，其本身也是不断变化的，因此，它的功能有直接的，也有间接的。评价不是以判断学生学习优劣为目标，根本点其实是能够合理地改进教学，从而使学生得到更好的发展，它的功能是多方面的，主要有以下三点。

1．积极导向功能

研究表明，教师对教学目标、教学重点的确定以及学生对学习方向、时间的分配，通常都受到评价内容和标准的影响。在教学活动过程中，形成性评价不仅可以引导教师通过反馈信息及时改进教学计划、修正教学策略，还可以引导学生进行自我反思、总结，做出正确的价值选择，引导学生向更好的方向去积极努力。通过形成性评价，促使学生不断挖掘自身潜能，争取更大的进步，充分发挥教学的积极导向功能。

2．及时调节功能

教师在教学过程中的各个环节通过形成性评价帮助自己及时地调整教学计划，确保教学目标的完成，促进学生的健康发展。

在教学活动过程中，教师依据学生在知识技能、情感态度与兴趣发展等方面的表现，及时作出评价并调整自己的教学方案等，以制定更符合实际情况的教学计划，提高教学质量。同时，通过自我评价、互相评价等方式，及时发现学生的优势和不足，促使学生对自己的学习情况有一个全面地、深层次上的认识，并主动去调整并监控自己的学习，争取更大的进步。

3．反馈激励功能

形成性评价是一种双向活动，在教学过程中，利用各种评价方法，收集被评价对象的有关信息，对其进行分析整理，得出评价结果，然后将这个结果反馈给被评价对象，因此，具有反馈激励功能。

形成性评价有利于评价参与者对此作出相应的调整，激励教师和学生努力改进教与学的方式和方法，从而提高教学效果，并促进教师和学生的共同发展。

形成性评价要求学生通过评价信息的不断反馈，使学生对自身学习情况有一个清晰的认识，进而端正学习态度、掌握科学的学习方法，达到促进学习的目的。同时，评价是鼓励学生充分展示自己，积极地发现自身的闪光点，继而激励自己不断努力。

三、以形成性评价贯穿课堂教学各个环节的实施策略

形成性评价贯穿课堂教学各个环节，是对学生整堂课的全程评价，评价应从学生的实际需要出发，重视学习过程和体验，强调多元评价之下的相互作用。在形成性评价中，教师的职责是确定任务，渗透指导，与学生共同评价，依据课堂教学的三个主要阶段，可以从以下的三个方面入手。

（一）课堂初期应给出诊断性评价

同样的学习内容，由于学生的学习背景，接受能力参差不齐，也就是说在组织课堂教学时，学生的起点是不同的，为了让不同的学生均能接受到良好的教育，需要了解他们的“底细”。而且，学生对自己的学习要进行有效控制，就必须不断诊断，查明学习中的困难和问题，以便采用适当的方法予以解决。因此，课堂初期诊断性评价的目的是了解学生个体差异、学生数学发展需要的必要条件。诊断性评价可以使学生在课堂学习前就对将要学习的新内容做到心里有数，可以从自己的实际出发，采取相应的学习策略，使学习过程一开始就处于有目的、有计划的自我控制之下。

教师可根据评价结果及时调整学习活动、学习内容。这种诊断性评价检测面向全体，同时又针对不同个体进行设计，既有基础性内容，又兼顾到学习力较高的学生的实际情况，体现了评价方法的多样性。这种诊断性评价能作为学生课堂学习的有效教学的依据，使课堂学习不再盲目，心中有“纲”，目中有“人”，真正以生为本。

（二）课堂中期应给出形成性评价

课中形成性评价主要目的是针对课中学习实际，改进学习方式，引导学习方式，适当微调学习内容，取得最大教学效益。它的基本思想是针对学生实际需要，纠正学习中带有的普遍性问题，或针对学生需要，因人而异地进行帮助矫正。形成性评价可结合提问、小组讨论、实验操作等方式进行，也可采取必要的测试，教师应对评价结果作出分析。形成性评价是课堂学习中学生实施自我控制的主要环节，它可以向学生提供有意义的教学信息，对学生起到激励和强化作用，使他们在接下来的学习中，表现出更强烈的信心，更浓厚的兴趣，它对促进学生核心素养的培养，起到重要作用。

学生真正成为学习的主人，这与教师坚持以人为本的核心理念是分不开的。通过这种形成性评价的方式让学生的思维得以完全展现，学生也在自我欣赏、相

互欣赏中肯定自我、肯定他人；不断地相互审视、借鉴、完善，得到主动发展。

事实上，在形成性评价过程中，当学生以为已有了答案时，却不断有学生提出自己不同的看法。此时，教师并不马上作出评判，而是巧妙地抓住这些意外，把评价的权利交给了学生，为学生搭建交流平台，让学生展示自己独特的思维方法，体现了学生的不同思维水平，给了学生更大的探索和感悟的空间。于是，就有了一个一个精彩的发现，学生不同的思维个性得以凸显，接着通过师生互动、生生互动，实现了互相沟通、互相补充，引发了群体思维碰撞，极大地调动了学生学习数学的积极性，不仅促进了学生的自主学习、主动探索，而且促进了学生多种思维能力的发展。有效地促进教与学双方互动相长，有利于培养学生的质疑精神和独立思考能力，有利于培养学生缜密的思维，能多角度、辩证地分析问题，作出选择。这些都是核心素养落地生根的具体表现。

（三）课堂后期应做达标检测

核心素养下的课堂学习评价不是不关注测试成绩，相反，对逻辑推理能力、运算能力的考核往往通过相关达标检测体现，其结果是评价的重要内容之一。评价中要高度重视共性度高的问题，或者是易错点、难点。

学生对数学学习的兴趣和态度，在学习过程中表现出来的参与意识和参与程度，在数学学习中表现出来的数感、符号感，几何直观，应用意识和创新意识等，都是学好数学的重要因素，是学生具有厚重数学素养至关重要的方面，这些素养无法通过定量方式测定，因此，形成性课堂学习评价恰恰弥补了一般意义上考试检测的缺憾，能让学生自主学习，自主发展，最终达到完善人、发展人的目的。

第四节　运用信息技术更为客观地测量学生的核心素养

一、运用信息技术提高学生核心素养基础理论

信息素养是一个多元化、多层次的概念范畴，建立在信息技术基础上的集信息观念、信息意识、信息道德、信息技术知识和信息技能于一身的关于信息的综合素养。

信息素养包含着三个最基本的要点：①信息技术的应用技能：指利用信息技术进行信息获取、加工处理、呈现交流的技能。②对信息内容的批判与理解能力：在信息收集、处理和利用的所有阶段，批判性地处理信息是信息素养的重要特征。③运用信息：指信息使用者要具有强烈的社会责任心、具有与他人良好合作共事的精神，使信息技术的应用能推动社会进步，并为社会做出贡献。

现在很多学校借助信息技术手段，建立了一套较为完善的、切实可行的测试与跟踪记录系统来测试、跟踪学生的学习过程，它能自动记录、分析和测评学生的阶段性学习过程和成果。利用智能平台和信息技术能够为学生提供了一个多领域多维度的数学学习活动空间，让学生的学习能力、计算能力、交流表达能力、直觉思维能力、想象力等都能得到一定的锻炼。信息技术评价可以说转变了原有的学习评价方式，既快捷又能取得实效，还能帮助师生理解所学知识，发展了学生的核心素养。

利用智能评价系统对学生学业成绩的评价必须注重学生智能的多元性，建立多维度的、情境化的、基于过程式的评价指标体系，全面评价学生的素质和能力。给学生一个模拟的真实性环境，来体现学生发现问题、解决问题的能力。这种评价主要目的是用于确定学习结果，也应注意给学生提供关于其学习过程的必要反馈，并注意将评价的结果用于评定教学的有效性。这样的评价能较好地激励学生学习，促进学习的保持和迁移，促进学生的自我评价，利用评价反思改进教学效果。教师在给学生提供这些帮助的同时，就逐渐培养了学生的信息意识和信息能力，既提高了教学效率，也提高了学生的信息素养。

二、运用信息技术提高学生核心素养的策略

信息技术与数学课程整合的指导思想旨在“创造适合学生的数学教育”，开发个体的潜能，培养独立的个性，而不仅仅是“选择适合学习的学生，培养精英，给学生人为地划分等级”。因此，数学教育评价的功能应定位在促进学生认识自我，建立自信，不断发展和形成正确的人生观、价值观方面，而对它的甄别和选拔功能要尽可能淡化。教师在操作中要注意以下几点：

（一）运用信息技术，更好地体现学生数学学习能力

多元智能理论是一种全新的有关人类智能结构的理论，它的悄然兴起，不仅有力诠释了素质教育的基本理念，而且给我们提供了有力的理论支撑。该理论的提出者霍华德·加德纳（Howard Gardner）教授是世界著名教育心理学家，他认为：

人的智力是由语言智能、音乐智能、数理逻辑智能、空间智能、身体运动智能、人际交往智能、自我认知智能、自然观察智能八种智能构成。其实，运用信息技术评价，不是要测试智能的强弱，而是要通过在线测试，进行教与学的量化评价，帮助教师与学生从评价中获得有积极意义的信息，进而优化教学、实现学生综合素养的提升。

（二）运用信息技术，更科学合理地设计和使用多样化评价方式

信息技术评价与传统课堂的评价完全不同。运用信息技术和实践活动引发学生的学习兴趣，注重学生体验知识形成，把课堂回归给学生，使教学内容情境化增强，这种更科学地设计和使用多样化的评价方式，十分重视对学习过程的评价，真正做到了定量评价和定性评价、形成性评价和总结性评价、对个人评价和对小组的评价、自我评价和他人评价之间的良好结合。与传统课堂的教学评价比，评价的手段、评价的方式、评价的人员、评价的内容、评价的措施都发生了根本性变化，这样的划时代的评价方式真正起到了反馈矫正和激励的作用，促进了学生核心素养的提高。

（三）运用信息技术评价学生的信息思维能力

在信息泛滥的时代，批判性思维是网络环境下数学自主学习者应有的能力。网络技术是认知工具，因特网、超文本、虚拟现实、人工智能等构建了数学知识与文化的情境认知，为学习者及其思维能力的培养提供了更为丰富的技术支持。因此，批判性思维和创新思维是培养复合型、应用型和创新型数学素养的核心。

思维导图可以在短时间内帮助大脑进行联想、分析和总结输出，是一种思考的方式，也是一种有效使用大脑的方法。思维导图能为学生的认知搭建支架，有助于学生形成自主学习和终身学习的能力，而且因人而异，可以采用自己最感兴趣的方式评价。教育家蔡元培先生说过：教育者与其守成法，毋宁尚自然，与其求划一，毋宁发展个性。学生都是有差异的，我们的教学评价也应注重差异性。那么,在课堂教学评价中我们就必须综合使用各种评价模式促进学生的思维发展。

思维导图的使用降低了教学的难度，使学生更容易理清篇章内容，逐步将学生的理解引向深入。教师用丰富的数字媒体作为载体，可以说使得学生的思维活动对同一个问题能从不同的方向、不同的角度、不同的层次，采用转化、变换、组合等多种思想方法进行思考和评价，这些都有利于进行思维训练，培养学生的思维能力。在信息技术环境下，学生由封闭式学习转为开放式学习、由系统专业

化的学科知识的学习逐渐向课程整合化发展，学生的评价也由学校单一化逐步向社区、家庭及社会资源的不断开发而成为多元化评价。因此，充分利用已有的教育资源，借助信息技术综合评价每一名学生，能够极大地调动学生学习的主动性、积极性和创造性，使学生学习目的明确，能针对不同的学习内容和难度有效地调整学习状态，从而取得显著的学习效果。电子档案袋、网络教学互动平台反映了学生在一个时期的求知的过程、探究的过程和努力的过程，反映了学生的进步状态。其纪录可以是日志形式，也可以是阶段或单元式，内容包括教师和家长以及同学的意见和建议。电子档案袋等技术手段能有效地帮助教师及时有效地指导学生反思学习过程，发现学习中的问题，改进今后的学习，并提出诊断性、形成性的评价。

总之，核心素养作为课堂学习评价的概念，既是深化课程改革、立德树人的逻辑必然，也是课堂学习评价设计、实施的技术诉求。没有核心素养，评价的设计将会失去方向；没有评价改革跟进，核心素养将抽象与虚无。核心素养作为21世纪学生适应社会的关键能力和必备品格，对学生的发展有着不可替代的作用。基于核心素养的评价体系的建立也将成为评价改革发展下的必然趋势。因此，评价者应将核心素养和学生评价结合起来，充分利用大数据，运用多元化和开放性的评价方法，促进学生各方面素养的协调发展，使每个学生都能在健康、快乐、自信的环境中茁壮成长，不断地认识自我、发展自我、成为更好的自己。

第五章　基于核心素养的初中数学教学中的差异性培养

第一节　数学抽象素养差异性培养的方法与策略

一、课程标准关于数学抽象的表述

数学抽象是指通过对数量关系与空间形式的抽象，得到数学研究对象的素养，主要包括：从数量与数量关系、图形与图形关系中抽象出数学概念及概念之间的关系，从事物的具体背景中抽象出一般规律和结构，并用数学语言予以表征。

数学抽象是数学的基本思想，是形成理性思维的重要基础，反映了数学的本质特征，贯穿在数学产生、发展、应用的过程中，数学抽象使得数学成为高度概括、表达准确、结论一般、有序多级的系统。

史宁中教授把数学抽象定性为数学的基本思想，可见数学抽象的重要性。《义务教育数学课程标准》提出了十个发展数学核心素养的“核心概念”：数感、符号意识、空间观念、几何直观、数据分析、运算能力、推理能力、模型思想、应用意识和创新意识，其中涉及数学抽象思想的就有数感和符号意识。

数感主要是指关于数与数量、数量关系、运算结果估计等方面的感悟，建立数感有助于学生理解现实生活中数的意义，理解或表述具体情境中的数量关系。

符号意识主要是指能够理解并且运用符号表示数、数量关系和变化规律；知道使用符号可以进行运算和推理，得到的结论具有一般性，建立符号意识有助于学生理解符号的使用是数学表达和进行数学思考的重要形式。

数学抽象素养主要包括以下几个方面：①会观察、实现、比较、猜想、分析、综合、抽象和概括。②会用归纳、演绎和类比进行推理。③会条理清晰地、准确地阐述自己的思想和观点。④会运用数学概念、思想和方法，辨明数学关系，形成良好的思维品质。

二、初中生数学抽象素养表现及水平

（一）初中生数学抽象素养的表现

既然初中生是在数学学习过程中获得数学抽象素养的发展，那么该种素养便脱离不了他们平常上课时所学的课程内容。喻平教授曾经在关于学科核心素养的评价中谈到，能力的本源是知识，知识也是数学核心素养生成的本源。史宁中先生也有提到数学核心素养的来源——“四基”（基本知识、基本技能、基本思想方法、基本活动经验）。掌握课程内容虽然不是教育的终极目标，但课程内容却是核心素养的载体，所以，数学抽象素养的形成与培养也必然离不开学生的数学课程内容。

《义务教育数学课程标准》中提到，七年级到九年级学段的学生所学的课程内容包含数与代数、图形与几何、概率与统计、综合与实践这四部分内容。当然，在绝大多数的教学过程中，这些课程内容并不是以四种整体的形式出现的，而是以其特有的表征形式存在于教学内容之中，学生内化之后才将其纳入于自身的认知结构之中。学者吴增生对学生进行数学抽象的脑机制分析时提到，当学生在大脑内进行数学抽象化时，会有相应的外显操作：学生首先通过抽象活动得到数学研究对象，在此基础上进行比较与归类便形成数学概念，之后通过研究概念的本质属性分析得到数学命题，最后再建构数学系统结构山。按照这个逻辑，也就是学生对课程内容进行数学抽象时，课程内容于学生而言是以概念、命题、概念网络或者命题网络这类形式出现的。

对于数学抽象的过程，学界普遍认为数学抽象的最高层次是构建区别于原有的认知结构或知识系统，但是单独的数学概念也可以经过抽象发展为概念网络。同理，命题与思想也具有其自身的网络，三者联合发展，个体才能获得有序而多级的数学系统。所以，初中生数学抽象素养包含获得概念和规则、提出命题和模型、形成思想与方法这三类表现。

（二）初中生数学抽象素养的水平

数学抽象素养的水平划分主要围绕数学抽象素养的四个表现方面与核心素养的四个体现方面对每个水平展开阐述。数学抽象素养的四个表现，每一个表现都包含了行为动词。那么从行为动词“获得”“提出”“形成”“认识”这几个动词来看，这种描述将数学抽象素养的形成看成了一系列的活动，且数学抽象素养的培养依赖于这些活动，对于“活动”而言，其质量就自然有高低之分。学业层次的不同也就意味着学业质量的不同，基于这种思考，便根据初中生数学抽象素养的表现质量，将初中生数学抽象素养划分为“一般、良好、优秀”三个水平。

此外，数学核心素养的体现包含情境与问题、知识与技能、思维与表达、交流与反思，但是由于知识、技能、思维与初中生数学抽象素养的三个表现方面有大同小异之处，所以，对初中生数学抽象素养各水平进行阐述时，还需将情境与问题、表达与交流融入，对三个水平的描述则需要体现情境与问题的层次性，所以，情境可以分为熟悉的、关联的、全新的、综合的。问题分为简单的、较复杂的、复杂的。随着水平的升高而进行相应的情境与问题设计。

此外，任何学生获得数学抽象素养时都必须要经历数学抽象的过程，通过对数学抽象过程的分析，可以知道，数学抽象的过程大致为简约化——符号化——系统化。在简约化时，学生将问题情境中研究对象的数学特征进行分离而得到数学对象。在符号化时，通过对数学对象的概括与减缩进行一般化，再使用数学符号进行表示。值得一提的是，这与关键词“符号意识”也有大同小异之处。另一个关键词“数感”是指感悟数的意义，对数量关系与模式进行归纳的意识。实质上就是对数字规则与模式的简约化与符号化。在系统化时，学生在认知结构中与其他相关对象建立联系而形成数学系统。实际上这三个过程也对应着数学抽象素养的三个水平，在水平Ⅰ中强调对概念、命题、思想的抽象，在水平Ⅱ中则强调对概念、命题、思想的一般化，在水平三中则强调他们的系统化。

对于基本概念与基本定理，通常使用“了解”“理解”“掌握”“运用”这四类动词进行描述。“了解”指的是通过具体的例子知道概念的特征，从具体的情境中对其进行辨认或举例。实际上就是在具体的数学情境中对数学概念或命题进行抽象的过程。“理解”的要求则高于“了解”，指的是能够描述对象的特征并能够对相关概念进行区分与联系，从数学抽象的角度来看便是建立概念或命题之间的相关联系。对于思想与方法，课标通常使用“经历”“体验”“探索”这一类动词对课程目标进行描述，从数学抽象的角度看，也就是从问题情境中抽象出数学思想与方法，能够在不同的问题情境中对其进行使用。

通过上述讨论，确立初中生数学抽象素养的水平划分如下：

水平Ⅰ（一般）：能够感悟问题情境中数的意义；能够从熟悉的情境中抽象出数量关系和规则；能从熟悉的情境中抽象出概念并进行解释。能够从熟悉的情境中抽象出简单的数学命题或模型，了解命题的条件与结论。能模仿已知的数学方法解决简单的问题。

水平Ⅱ（良好）：能从关联的情境中抽象出一般的数学概念与规则：理解其用数学语言表达的形式；用例子解释概念与规则的含义。能够发现问题与情境中的一般模式，将已知的数学命题推广到一般情境；理解命题的条件与结论及其用数学语言表达的形式。能够在全新的情境中应用数学方法解决问题，提炼出解决一类问题的数学方法。

水平三（优秀）：能够建立概念之间的相关联系，形成概念网络：在综合的情境中把握研究对象的数学特征，严谨正确地进行表达交流。能够研究概念与命题关系形成的数学结构体系；能够在综合的情境中抽象出特定的数学模型并用数学语言恰当地予以表达；能够在得到数学结论的基础上提出新命题。能够在综合的情境运用数学方法解决复杂的问题，体会数学的思想与方法。

三、培养数学抽象素养的现实意义

第一，有利于帮助学生了解数学本质。与学科性质有关，数学学科的本质具有很强的抽象性。初中数学教师在课堂上有意识培养学生抽象思维能力，能够帮助学生逐渐深化对数学概念的体会和认识，从而真正抓住数学的本质，得到“举一隅三隅反”的效果。

第二，有利于促进学生创新思维发展。初中阶段的某些数学知识对初中生来说，具有较强的抽象性。如函数概念，学生要知道什么是自变量和因变量，同时还要深入理解二者之间的一一对应关系。函数知识本身就具有抽象性，如果在最初学的时候就没有理解到位，那么在后面学习相关知识的时候会更加应接不暇。而如果数学教师能够在教学中有意识地培养学生数学抽象思维，将学生熟悉的现实生活案例抽象为数学问题，再带领学生共同分析，引导学生从中抽象出数学理论，感受数学之美，那么就可以提升学生的创新思维能力。

四、数学抽象素养差异性培养的策略

（一）抓住教材中的数学内容本质差异性，培养数学抽象素养的基础

数学中大量的概念、公式、法则、定理等是高度抽象的，是源于生活又高于生活的。教学中，教师要让学生经历概念产生的过程，理解公式的来龙去脉，掌握定理是如何抽象出来的。《义务教育教科书数学七年级上册》的教材中相关概念就有数轴、相反数、绝对值、单项式、多项式、整式、等式、方程、直线、射

线、线段等，法则有理数加法法则、有理数乘法法则、有理数除法法则、合并同类项法则、等式的性质等，要让学生经历概念的提取，法则的获得，公式产生的全过程，让学生在参与抽象的过程中，不断积累抽象的经验，提升数学抽象的素养。要看目的、有针对性、循序渐进地引导学生树立抽象思维的意识，形成抽象思维的能力，培养抽象思维的素养。

（二）通过具体对象与实例加深对抽象知识的理解

初中生数学抽象思维较弱，对抽象概念的接受度低，因此，在教学中应该将抽象概念与具体实物或事例相关联，加深学生对抽象知识的理解。

案例一：在学习负数时，应结合实际生活，要让学生了解负数是从实际生活中产生的。如果将前进、上册、收入定义为正，那么相反的，后退、下降、支出为负。例如前进 5 米和后退 3 米表示为 +5 和 −3，即正与负是具有相反意义的量，而 0 并不代表什么都没有，它是一个有具体意义的量。例如，今天的气温是 0 摄氏度。这样一来，数的抽象在实际生活中被形象化，使学生更易接受和掌握。

案例二：在学习三视图的内容时，可以通过展示实物让学生从主视方向、侧视方向和俯视方向进行观察，然后画出三视图，这种方法有利于学生几何经验的积累。

（三）运用多媒体辅助教学，使抽象事物直观化

数学教学过程一般来说是比较抽象的，教师在具体教学过程中应该灵活地借助工具来达到教学目的，多媒体教学就是教学工具的一种，通过多媒体教学可以将抽象问题具体化。多媒体技术可以通过视频、图片等方式将数学知识形象直观地展示给学生，或者可以用数学工具中的几何画板为学生进行画图演示，用可见的动态图像来代替抽象问题，有助于学生对数学知识的理解，从而降低教学难度，提高课堂效率，增强学生对数学的学习兴趣。

（四）引导学生建立知识体系

新课程改革以来，数学学科的各个章节相对独立，但从初中数学的整体来看，各章节之间还是存在一定的联系。因此，这就要求教师在数学教学的过程中必须善于抓住一个章节以及不同章节知识点间的固有联系，让学生感知各知识点间的内在特点，通过寻找知识间的联系来提升学生的数学抽象能力。另外，教师也应该培养学生的自主总结能力，从总结数学规律的过程中锻炼他们的数学抽象能力。具体教学实施实例如下：

案例三：在一节课或者一个章节学习完毕后，教师可以引导学生对所学内容

进行总结和概括。总结和概括的主要方法有两种，一是可以通过归纳知识点对该章节知识进行总结，二是可以通过画思维导图的方法来寻找该章节知识的联系与发展。这种概括起到复习巩固所学知识的作用，还能使学生从所学知识中提炼出重点内容，以培养学生的抽象概括能力。

案例四：在新知讲授时，教师可以联系以前所学的相关内容引导学生进行类比推理，从中锻炼学生的数学抽象能力。例如，可以进行平行四边形、矩形、菱形和正方形的性质之间的类比、全等三角形和相似三角形之间的类比、正比例函数和一次函数的对比等。这种学习方式的长期实施对学生有很大的益处，它有利于激发学生的数学学习兴趣、有利于提高数学教学质量，还能为学生锻炼数学抽象概括能力提供方法和途径。

案例五：在探究某些数学性质时，教师可以引导学生通过举例发现其中的规律，总结规律，进而得出结论。例如，在学习一次函数图像及性质时，教师可以先示范当 $k>0$ 时，y 随 x 的增大而增大，又当 $b>0$ 时，图像经过一、二、三象限，$b<0$ 时，图像经过一、三、四象限。然后让学生找出当 $k<0$ 时，一次函数图像的性质。最后总结规律，便于学生理解记忆。

（五）领悟教材中的数学方法与思想——培养数学抽象素养的核心

数学思想方法是数学教学的一条暗线，贯穿在数学教学的全过程，起到统领数学知识，连接数学思维的作用，也是数学抽象的核心内容，因此，在数学抽象素养的差异性培养过程中，要关注学生的数学方法与思想的培养，领悟教材中典型案例的意义，抓住数学思想方法这一载体，培养数学抽象素养。

从断臂的维纳斯到巴特农神庙，从生活实际到斐波拉契数列的抽象，把一些毫不相干的东西，通过构造黄金分割数 $\frac{\sqrt{5}-1}{2}$，建立它们的本质的联系，该抽象由方程到一元二次方程的根，再由一元二次方程的根回归一元二次方程，在来回的多次转化过程中，化归思想、方程思想、抽象的意识得到完美的体现。

通过黄金分割数的抽象，让学生经历数学抽象的过程，基础较差的学生感受外在的美。中等学生感受数学抽象之间的转化美，成绩优异的学生体悟数学抽象的重要意义和应用价值。

数学抽象素养的差异性培养，对于学生今后的数学学习以及今后的发展都有着深远的意义。

（六）在教学中融入数学实验

在初中数学中常常会出现一些抽象性的概念，而其背后又通常有某种“直观”

事实作为依托。因此，巧妙地借助数学实验，把这种“直观”的事实呈现给学生，帮助学生了解其本质，掌握其思想，找出其内在的关系，提升学生的数学抽象思维能力。

案例六：在学习概率初步时，教师可以设计一个抛硬币的数学实验，如共抛硬币次数为 50 次、100 次、150 次、200 次，让学生通过列表格的方式记录硬币朝上和硬币朝下的次数，然后总结出抛一次硬币朝上与朝下的概率。

案例七：在学习三角形内角和是 180 度时，教师就可以让学生进行实验来证明这一结论，实验的方法有很多种，可以用量角器量出三角形三个角的度数并求和；还可以将三角形的三个角剪下来，不留空隙不重叠地拼凑在一起；又或者建立三角形模型，使其中一个角逐渐增大，另外两个角逐渐减小至 0，将极限的思想传输给学生，学生就可以发现三角形内角和等于 180 度。这样不但可以锻炼学生的实践操作能力，还可以培养学生的逻辑思维和抽象思维能力。

第二节　逻辑推理素养差异性培养的方法与策略

一、课程标准关于逻辑推理的表述

逻辑推理是指从一些事实和命题出发，依据规则推出其他命题的素养，主要包括两类：一类是从特殊到一般的推理，推理形式主要是归纳、类比；一类是从一般到特殊的推理，推理形式主要有演绎。同时强调逻辑推理是得到数学结论、构建数学体系的重要方式，是数学严谨性的基本保证，是人们在数学活动中进行交流的基本思维品质。

《义务教育数学课程标准》指出：推理能力的发展应贯穿在整个数学学习过程中，推理是数学的基本思维方式，也是人们学习和生活中经常使用的思维方式。推理一般包括合情推理和演绎推理，合情推理是从已有的事实出发，凭借经验和直觉，通过归纳和类比等推断某些结果；演绎推理是从已有的事实（包括定义、公理、定理等）和确定的规则（包括运算的定义、法则、顺序等）出发，按照逻辑推理的法则证明和计算，在解决问题的过程中，合情推理用于探索思路，发现结论；演绎推理用于证明结论。逻辑推理能力的培养应贯穿在初中数学教学的全过程，由于学生认知的差异性，对知识理解的差异性，抽象能力的差异性，以及接受知识的差异性，使得逻辑推理能力在教学中表现为一定的差异性。

逻辑推理素养差异性培养，立足逻辑推理的五个主要表现：掌握推理基本形式和规则、发现问题和提出命题、探索和表述论证过程、理解命题体系、有逻辑地表达与交流。

二、立足逻辑推理的五个主要表现，建立逻辑推理的意识

逻辑推理的五个主要表现，不是孤立地存在，而是相互联系，彼此交错的，所以，在教学过程中，要引导学生掌握推理基本形式和规则，激励学生发现问题和提出命题，鼓励学生探索和表述论证过程，注意理解命题体系，有逻辑地表达与交流。

三、实施策略

（一）在初始教学阶段，要求说明推理依据，做得持之有据

学生逻辑推理能力的形成需要一个过程，是循序渐进、螺旋上升的，有的学生的逻辑推理能力的形成较快，有的相对要慢一些，基于此，我们采用分层次、分步骤的方式推进教学。例如：在平行线的判定与性质教学过程中，要求每一步都有推理的依据（具体到是平行线的性质还是判定）；在全等三角形的教学中，对于关键性的步骤要有推理依据（具体到用何种判定公理或定理，是SSS、SAS、ASA、AAS还是HL）；在等腰三角形和等边三角形的教学过程中，要求推理依据（是等腰三角形的性质还是判定，是等边三角形的性质还是判定）；在四边形和圆的教学过程中，弱化推理依据，给基础较好的学生一定的思维空间。这样做，使得所有的学生在学习的初始阶段都能掌握推理的基本要求，必须做到推理有据，在熟练掌握了推理的程式以后，随着所学知识的深入，对过程的要求更复杂，学生的差异性更明显，基于这样的特点，适当放宽对推理要求的书写，坚持这样做，体现了因时制宜的要求。

（二）规范定理的证明过程，在定理多样化的证明过程中培养学生的逻辑推理能力

1. 会画图，分清题设和结论

在七年级相交线和平行线的学习时，就已经学习了命题的题设和结论，分清题设与结论是几何学习关键的一环。在八年级全等三角形的学习时，出现了用文字语言给出的命题，要求学生证明。解决此类问题的一般步骤是画图，写出已知、

求证、证明，解决问题首先要能够读懂题意，在读懂题意的基础上画出图形，写出已知、求证、证明，特别强调学生要能画出图形，分清题设和结论，最后再进行证明。这类问题不是很难，如果学生能够精准画出图形，一般是能够给出证明的。这样要求，有助于培养基础较好的学生的学习习惯，也照顾到基础薄弱的学生的感情，让基础薄弱的学生也能参与到教学中来，让他们体会到教学的过程。

2. 使用多种方法证明定理，让学生在证明过程中，形成有条不紊的逻辑推理能力

几何定理是几何教学的重要载体，是培养学生逻辑推理能力的关键环节，抓好几何定理的教学是至关重要的，它能发现学生思维的过程，能暴露学生推理的严谨性，能激发学生思维的发散性。同时，在定理的探索（观察、操作、实验）、猜想、验证、归纳、证明的过程中，培养学生的合情推理意识和逻辑推理能力，尤其要重视对推理过程的把握，严格要求学生推理过程的规范化，要“言之有理，持之有据”。

3. 发挥典型例题和习题的导向作用，培养学生良好的推理习惯

要注重发挥例题、习题的作用，培养学生的良好的推理习惯，主要表现在：①规范例题、习题的推理过程，使所有学生都能达标。②对例题、习题进行逆向思考和变式，发展逻辑推理能力。③抽象出例题、习题的基本属性，形成一定的数学活动经验，提高学生的逻辑推理能力。

（三）善用生活素材

因地制宜，善于挖掘生活中的推理素材。教师可以多鼓励学生挖掘生活中的推理素材，将理论知识与现实生活结合起来，提高学生对知识的实际应用能力。例如，在对学生进行“矩形”这一知识教学时，可以提前让学生利用小木棒做成一个任意的平行四边形的活动框架，扭动这个框架，你会发现平行四边形的内角、对角线都会随着变化。这时候，适当提问：当扭动这个框架，使为直角时：①平行四形的其他三个内角分别为多少度？②对角线的大小有什么关系？请同学们先独立思考，再小组讨论，争取可以合作完成证明过程。

创设情境，教师要鼓励学生勇于进行实验和观察。课堂教学中，教师可以提前让学生准备好剪刀、剪纸等道具，鼓励学生亲手实验，手脑相结合，通过观察、归纳和总结，从自己的实验中得出结论，从而提高学生的逻辑推理能力。

（四）合情推理与大胆猜想

培养学生的创造性思维，猜想是重要途径之一，因此，教师在课堂教学中应

该鼓励学生大胆地猜想，再适时引导学生利用已学的知识进行推理，从而验证自己的猜想。比如在进行“有理数的乘方”的教学时，可以借助下面的例子：现在取一张厚度为 0.1 毫米的纸，如果将它对折 1 次，其厚度变为了 $2\times0.1=0.2$ 毫米。那么：①如果对折 2 次后，其厚度变为了多少毫米？②对折 3 次后，其厚度变为多少毫米？③对折 4 次后，其厚度变为多少毫米？④如果不考虑操作难度，对折 20 次后，厚度变为多少毫米？

这样就可以使学生经历“折纸——猜想——计算”的过程，再由此归纳引入乘方的概念。学生在接受新知识的同时，既提高了学习的兴趣又锻炼了推理的能力。此外，对于学生的错误猜想，可以在否定之后引导学生进行修改，鼓励学生进行合情推理。

（五）重视基础知识教学

学生在学习新知识的过程中，毋庸置疑，能力也会相应的得到提高，所以，在初中数学教学中，教师要将基础知识教学与学生逻辑思维能力的培养相结合，在传授给学生数学基础知识的过程中渗透或介绍逻辑思维方法。具体来说，所学习的知识形成具体形象的感性认识，在此基础上通过分析、推理、论证、概括等思维活动去对感性材料进行适当的加工，进而形成判断，这就是学生逻辑思维的过程。比如，在让学生理解“角是由两条射线组成的，而且两条射线有公共端点”这一命题时，教师可以让学生根据文字的表面意思，在头脑中形成影像，然后教师再通过分步讲解、作图证明等方式让学生形成理性的认识，进而掌握这个命题的本质。当学生在回答问题出现错误的时候，教师一方面要指出他们的错误，另一方面还要对学生的答题思路进行梳理，帮助他们找到不合逻辑的地方，进一步培养他们的逻辑思维能力。

（六）训练学生逻辑思维与语言

1．推理和证明遵守逻辑规律

首先，要求教师在推理和证明的过程中，严格遵守逻辑规律，正确运用所教的概念和定理，作出示范，这对培养学生的逻推理能力起到潜移默化的作用。因为学生在自己的思维活动中先入为主，如果他们在这方面首先接触的是有毛病的榜样，教师本人或教科书在叙述的逻辑上、在概括中犯有错误，那么当然很难指望学生会有高水平的思维修养，而且以后很难纠正。所以，要求教师与时俱进，时刻自省，重视数学杂志、刊物等的学习。

2．养成严谨的推理与证明的习惯

教师必须在日常教学中教育学生养成严谨的推理与证明的习惯，否则所做的一切将是徒劳的。对于学生出现的逻辑错误，教师必须及时纠正，同时强调：请注意推理的严谨性。长此以往，学生就可能养成严谨思考和严谨推理的习惯，终身受益。

（七）调适学生的心理状态

教师在教学中要关注学生的心理、思想动态，关注个体差异。心理学研究表明，逻辑推理的准确度会受到不良心境的直接影响，所以，帮助学生能在学习时保持良好的心理状态是非常重要的，教师应该积极指导学生向良好的一面发展，用好的方法培养他们的学习兴趣，使他们在推理过程中少走弯路，进而使他们发现数学中的规律和美感，摒弃一些不良习惯。

此外，教师在课堂教学中要注意因材施教，鼓励学生的个性发展，并结合学生自身的现有的认知水平及身心特点进行有差异的逻辑推理能力的培养。

第六章　基于核心素养的初中数学能力与创新思维培养

第一节　初中数学能力及其培养

一、数学能力的概念

（一）能力的含义

所谓能力是指人顺利完成某种活动的一种个性心理特征。对于能力的理解，主要在以下四个方面：①能力是在心理活动中表现出来的。例如，人们在思维活动中表现出的思维能力；人们在想象活动中表现出的想象能力等等。②能力是在从事某种活动中表现出来的。例如，人们在从事社会活动中，表现出组织能力；人们在音乐活动中，表现出音乐能力等等。③能力是一种个性心理特征。个性心理特征包括气质、性格、能力等，说明能力是个性心理特征中的一种。因此，能力是一种个性心理特征，但个性心理特征不一定是能力。④能力是由多种形式构成的。例如，能力有思维能力、观察能力、记忆能力等。

不同的能力在不同的活动中起着不同的作用。有时，从事一种实际活动需要多种能力的综合作用。例如，在数学解题活动中，不仅需要观察能力，还需要思维能力、记忆能力等。

（二）能力与知识、技能的关系

能力是对个体已有知识的应用。能力是技能训练中形成的一种个体稳定性的个性心理特征，知识、技能是能力的源泉与基础，能力的形成与发展是在掌握和选用知识、技能的过程中实现的。反过来，一定的能力是进一步获取知识和形成技能的前提。我们既要重视知识学习、技能训练，又要重视能力的培养。只有把两者统一起来，才能使我们的学习达到最佳效果。

（三）数学能力

数学能力是保证数学活动顺利进行的个性心理特征。

数学能力有两种不同层次或两种不同类型：学习数学的数学能力和创造性的数学能力。所谓学习数学的数学能力就是在学习（学会、掌握）数学（数学课程的数学）的过程中，迅速而成功地掌握适当知识和技能的能力；所谓创造性的数学能力是在数学科学活动中的能力，这种能力产生具有社会价值的新成果或新成就。这两种能力都是在创造性的数学活动中形成和发展起来的，因此，它们具有相同的本质。但是由于形成这两种数学能力的实际活动分别属于不同的层次，因此，它们也有区别。同时，在一定条件下，学习数学的能力可以发展成为创造性的数学能力，要具备创造性的数学能力，必须首先具备较强的学习数学能力。

数学能力有学习数学的能力与创造性的数学能力。它们之间既有联系，又有区别。学习数学的能力是创造性的数学能力的第一阶段，而创造性的数学能力是数学学习能力的发展。两种数学能力只是水平与程度上的不同，而没有质的差异性。

在数学学习中，大部分应是数学学习能力，只有少部分算得上创造性的数学能力。所以，在数学学习中所培养起来的数学能力是为创造性数学能力打下基础。可以认为，数学学习中，我们主要是培养学习数学的能力。

（四）数学能力结构

这里我们认为以下九种数学能力结构理论是可值得的参考的：

第一，克鲁捷茨基（Krutsky）提出数学能力的组成有：①使数学材料形式化的能力，即从内容中抽出形式，从具体的数量关系和空间形式中进行抽象，以及运用形式结构即关系和联系的结构进行运算的能力。②概括数学材料的能力，即从不相关的材料中抽出最重要的东西，以及从外表不同的材料中看出共同点的能力。③运用数学和其他符号进行运算的能力。④连续而有节奏的逻辑推理能力，这和具体化与演绎化的需要有关。⑤缩短推理过程的能力，即用缩短了的结构进行思维的能力。⑥逆转心理过程的能力（从正方向思维转到逆方向思维）。⑦思维的灵活性从一种心理运算转向另一种心理运算的能力，从平凡而陈腐的影响束缚下解脱出来的能力。这种思维品质对于数学家的创造性活动是很重要的。⑧数学记忆。它和数学科学的特点有关，主要是指对概括内容、形式化结构和逻辑模式的记忆。⑨空间概念的能力。这与数学的一些分支如几何（尤其是立体几何）有着直接关系。克鲁捷茨基关于数学能力结构的表述，到目前为止是比较详尽的一种。它对数学能力的概括是从数学的具体实际出发，具有很好的参考价值。

第二，我国数学教育界长期以来认为数学能力结构由一般能力与特殊能力组成。一般能力指观察能力、记忆能力、思维能力、想象能力、注意能力。特殊能力指运算能力、逻辑思维能力和空间想象能力。

运算能力、逻辑思维能力、空间想象能力合称“三大能力”，是数学能力的核心。人们认识到逻辑思维能力是数学思维能力的一个部分，思维能力还包括非逻辑思维能力，所以，这里把逻辑思维能力改为思维能力更为恰当。

无论上述的哪一种观点，都认为数学能力是群因素理论的具体体现。数学能力不是简单的一个因素，而是多种因素的组合。这些因素的形成与发展只能通过数学学习过程、数学活动来实现。

二、数学能力的培养

数学能力主要是指数学学习能力。数学学习能力是完成数学学习的必要条件，同时，它在数学学习过程中还会得到发展与提高。学生有目的、有计划地培养自己的数学能力有助于提高数学学习水平。数学学习除了学习数学知识，还要提高数学能力，这是广大数学教育工作者的共识。数学能力是多种能力的复合体。前文已经明确了数学的三大特殊能力，它们是运算能力、思维能力和空间想象能力。下面就三种能力的提高加以说明。

（一）提高运算能力

数学运算贯穿于数学学习的全过程。数学学习过程的任何方面都有数学运算能力的参与。中学数学学习的重点是代数式、超越式等的运算。此外，还有数的运算（主要是有理数、实数、复数运算）、集合的运算、极限的运算、微分、积分运算等。

数学学习过程中的运算是一个不断抽象的过程。从数的运算到式的运算，从式的运算到集的运算等等，都是一个不断抽象的过程。

数学运算从本质上讲是一种对应关系，或是一种特殊的映射。

数学运算能力就是指学生在运算活动中，灵活、合理、简捷、正确地完成运算任务的个性心理特征。数学运算能力取决于运算的效率性、合理性、灵活性、简捷性与正确性。

数学运算能力是一种综合因素的复合体。运算能力的培养与提高要与数学的其他能力相互联系、相互渗透。例如，在数学运算能力中渗透着观察力、注意力、思维力、想象力、表达力等多种因素。另一方面，数学运算能力是有高低层次的。如数的运算与式的运算相比，式的运算就比数的运算更抽象、更复杂。因此，数学运算能力的培养一定要结合上述的运算特点和规律进行。苏霍姆林斯基（Suhomlinski）说："我们对学生运算的要求，不仅在于正确，还要训练学生思维的简捷和合理。"培养运算能力，要在运算的正确性、简捷性、合理性、灵活性等方面下功夫，即在运算品质上下功夫。

要提高运算能力，必须注意在以下几方面上发展：①要理解与掌握各种与运算有关的概念、性质、公式、法则。②要记住一些必要的和常用的数据。③要具备熟练的计算技巧。④要具备良好的推理能力。⑤要具备良好的心理素质，特别是顽强的毅力、精益求精的态度。

学生运算能力的提高是一个综合过程，为了叙述方便，我们从以下几方面来加以说明：

1. 灵活性

运算的灵活性不仅与学生认知结构有关，与思维的灵活性也有很大关系。另外，对运算对象观察的深刻性也会影响运算的灵活性。因此，要培养运算的灵活性，就要在这方面下功夫。这就是灵活性表现在运算之中，"功夫"在运算之外。

2. 简捷性

运算的简捷性即运算过程简捷迅速。这同样需要思维的灵活性与观察的深刻性。

3. 合理性

运算的合理性是指运算过程要符合运算律的要求，合理性的运算实际上是寻找一种优化的算法，使算法简便，并且能直接地达到目的。

4. 准确性

运算的准确性是运算的首要要求。没有准确性，就没有运算能力可言。因此，准确性是运算能力的必要条件。

要使运算达到准确，不仅要在数式运算方面达到熟练的程度，还要有各种数学能力的配合，只有全方位地提高，才能使数学运算能力达到预期的目的。

（二）提高思维能力

1. 在思维中加强思维监控

思维监控就是对思维过程的自我意识和自我控制。我们已经学习过元认知问题，它包括元认知知识、元认知体验和元认知监控。元认知监控就是学习者对自己的认知活动或过程进行调节、控制，使达到认知的目标。用元认知监控思想来解释思维监控是恰当的，因为思维是认知的一个核心部分。思维监控具体体现在数学观念、思想、方法、策略等方面。它们在数学思维过程中起到调节、控制、监督作用。学生在数学学习中，努力去建立数学观念、思想、方法和策略，必然会提高数学思维品质，进而达到提高数学思维的目的。

2. 数学学习中要重视创造性思维能力的培养

当今时代是科技高速发展的时代。我国的改革开放在不断深入，对未来一代的建设人才的要求越来越高，这就要求学生在数学学习中不仅要掌握丰富的数学知识，而且还要使自己成为具有开拓性、独创性、探索性的人才，这就需要重视创造性思维能力的培养。

创造性思维，是思维的最高形式。数学学习中学生不但要提高逻辑思维、非逻辑思维能力，培养问题解决能力，还有必要培养创造性思维能力。

发散思维是创造性思维的一个重要指标。在数学思维活动中，应有意识地进行思维的发散性训练。

想象、联想、猜想也是创造性思维的重要途径，因此，在思维过程中也要加强上述方面的训练，使思维产生新颖性的结果。

创造性思维在当今时代更显其重要意义。同时，创造性思维能力的提高必然也带动了数学思维水平的提高，而且使数学思维水平的发展可以达到更高的境界。

在创造性思维的培养上，鼓励学生创造性思维的五条原则：①尊重与众不同的疑问。②尊重与众不同的观念。③向学生证明他的观念是有价值的。④给予不计其数的学习的机会。⑤使评价与前因后果联系起来。

最成功的做法乃是必须使认知功能与情感功能都充分发挥作用，提供适当的结构与动机，积极参加、实践，以及提供教师、同学接触交流的机会。

目前，我国教育工作者和有识之士开始重视学生的创造性思维的培养问题。“为创造性而教”已成为许多学校的主要教育目标之一。数学中创造性思维的培养作为数学学习的任务，已越来越被人们所认识。它必将促进和带动数学思维能力的培养。

（三）提高空间想象能力

空间想象能力就是人们对客观事物的空间形式进行观察、分析、抽象的思维能力。它是数学学习的重要目的之一。数学的空间想象能力是一种特殊的想象能力，它遵循一般想象能力规律。数学的空间想象能力表现为“再造想象”与“创造想象”两种能力。所谓再造想象，就是依照词的描述或根据图样、模型、符号等的描绘在人脑中产生新形象的心理过程。比如，一些几何题目所叙述的图形，解题者通过读题而在头脑中产生的一个新的形象就是再造想象。前面的柯尔莫戈罗夫所描述的正方体被一平面所截的状况，在人的脑中所产生的形象就是再造想象。所谓创造想象，就是根据一定目的、任务，独立地创造出新事物映象的心理过程。比如，学生为学习之需而想象出一种新的形象，这种形象是学生通过思维而在头脑中独创出来的。这就是创造想象。数学的空间想象能力主要是表现在再造想象能力方面，在数学学习中尤其如此。

学生的数学空间想象能力具体地表现为：①根据语词描述，能较熟练地在头脑中产生空间图形（中学数学中主要是二维和三维空间图形）。②能把头脑中所想象的空间图形表现在纸上，形成直观的图形。③能够依据文字或语言的描述，抽象出空间图形中元素间的各种关系。④能够利用再造想象进行分析和加工。⑤特殊情况下，为数学学习需要，自己能创造出数学的某种空间形象。

数学学习过程中，主要是在几何学习中要加强空间想象能力的培养，它主要是从以下几方面来实现：

1. 多观察

观察几何图形有利于形成空间观念。

例如，数出三角形的个数这种题型。通过这种题型的训练，可以促进空间想象力的发展。

2. 多画图

通过画图实践，能够对空间图形间的关系——线线关系、线面关系、面面关系有一个感性认识。画图往往是根据文字表述来画，这个过程实际上是再造想象的过程。学生在头脑中再造想象出一定的空间图形的映象，就会通过平面上的图形表示出来。

3. 多想

多想不但要通过观察具体图形来想，而且要通过文字表述来想。这种想象再现图形表象的过程，是对表象的再加工过程，是培养空间想象能力的很好途径。

上述的几方面体现了学生在培养空间想象力过程中的认知活动。首先，通过观察图形、模型，形成表象，它是学习者对形体认知的内化过程；其次，画图是学习者表象的外化过程；再次，在多想中，实际上是对表象的加工过程。这一系列过程都是为再造想象积蓄条件，为培养数学空间想象力进行着必要的训练。

第二节　创新思维能力

一、创新是数学思维活动的核心和动力

创新教育是知识经济时代教育的主旋律，在数学教育竞争中担当着非常重要的角色。如何充分发挥数学学科特点和作用，实现数学素质教育和数学人文素质教育，是探索的主题之一。

新的数学课程将从现行大纲的以获取知识、技能和能力为首要目标，转变为首先关注每一个学生的情感、态度、价值观和一般能力的发展，突出数学思维能力的培养，增进学生对数学的理解和应用数学的信心。

（一）注重学生思维能力的培养，训练创新思维

传统的课堂教学仅仅注意“教”，忽视了学生的“学”，教的责任仅仅是将书本的结论性知识传授给学生，学的任务仅仅是记忆和强化这些结论性知识。这种课堂，以教师为主导，缺乏合作交流，更不用说给学生留出足够的时间、空间去独立思考，去联系实际应用，更谈不上创造性学习。数学是思维的体操，因此，若能对数学教材巧安排，对问题巧妙引导，创设一个良好的思维情境，对学生的思维训练是非常有益的。在教学中应打破“老师讲，学生听”的常规教学，变“传授”为“探究”，促使学生一开始就进入创新思维状态中，以探索者的身份去发现问题、总结规律。我们应该将“教后学”转为“学后教”，把教师主导取向为主转为教师主导、学生主体相统一。教师要把课堂教学作为学生的学习过程，问题要让学生自己去揭示，知识要让学生自己去探索，规律要让学生自己去发现，学法要让学生自己去创造，学习领域要让学生自己去拓宽，学习内容要让学生自己去发掘，学习收获要让学生自己去运用，建立以学生为主体，教师为主导的新的学习观，努力让学生自己发展。

数学解题教学中，要引导学生多方位观察，多角度思考，广泛联想，培养学生敏锐的观察力和活跃的灵感，解题后让学生进行反思和引申，鼓励学生积极求异和富有创造性地想象，训练学生的创新思维。

（二）加强数学能力的培养，形成创新技能

数学能力表现在掌握数学知识、技能、思想方法上的个性心理特征。传统教

学的最大弊端是忽视人的发展，课堂上教师“满堂灌”“一言堂”比比皆是，学生似乎一度成为没有思想、没有情感的“知识容器”，影响学生潜能的发掘，学生智力和创新能力的发展受到严重遏制。数学技能在解题中体现为三个阶段：探索阶段——观察、试验、想象；实施阶段——推理、运算、表述；总结阶段——抽象、概括、推广。这几个过程包括了创新技能的全部内容。因此，在数学教学中应加强解题的教学，教给学生学习方法和解题方法的同时，进行有意识的强化训练：自学例题、图解分析、推理方法、理解数学符号、温故知新、归类鉴别等等，学生在应用这些方法求知的过程中，掌握相应的数学能力，形成创新技能。

（三）开发情感智力教育，培养创新个性品质

创新过程并不仅仅是纯粹的智力活动过程，它还需要以创新情感为动力，以良好的个性品质做后盾。学生是具有独立个性的人。虽然许多学生在成长过程中具有某些共同的特点，但绝不能因此而抹杀学生的个性。在诸多相似背后，他们身上存在着更多的差异。当前创新教育极力提倡重视学生的独立个性，就是要求每个教学者应从学生的个性出发来考虑学生的发展，培养学生的独立人格，发展学生的个性才能，从而使学生能更自觉、更充分、更主动地全面提高自身的整体素质。

在数学教学中，要激励学生树立具有像爱迪生发明灯丝一样的坚定信念。在“问题数学”中培养学生具有敢于求异、勇于创新的气魄，自主探索、发现问题、提出问题；利用“错析教学”，培养学生坚忍不拔、持之以恒、不怕困难和挫折的顽强意志和良好的人格特征，从而培养学生健康的创新情感和个性品质。应该说没有个性，就没有创新。

总之，要培养学生的创新能力，学生能独立思考的，教师绝不要提示或暗示；学生能自己得出的，教师绝不要代替。这样的教学，更有利于学生创新能力的发展。

二、数学创新思维能力培养的实施策略

新的课程改革把培养学生的创新精神和实践能力摆到了突出位置，作为实施素质教育的重点。在学校，课堂教学是培养学生创新意识和创新能力的主渠道。如何在中学数学教学中培养学生的创新思维，让学生学会学习，学会思考。

（一）求异思维的培养

求异是创造的前提和必要条件。求异思维即变换思维的角度，多侧面地探索

解题的途径。没有求异就不能有思维的独创性。在数学教学中常可进行这方面的培养，一题多解是有效的方法之一。

解法的求异，可以克服思维定式的消极影响，避免机械循环模式，使有联系的旧知识得到有效应用，开拓学生的思路，促进思维品质的提高，从而迸发出创造的火花。

（二）课堂提问的发散性

课堂提问是启发学生进行积极思维的一种重要手段。提问要抓准时机、措辞准确且富有情境感，使提问成为学生思维的发散点。因为，如果没有思维的发散，创造性就无从谈起。一般而言，课堂提问要遵循以下几个原则：①提问的难易程度要与学生的智力和知识水平相适应，使学生能够想、便于想。②提问的内容能诱发学生的学习欲望，有助于主动性和积极性的调动，使学生思维最大限度地活跃起来。③提问的时机应该选择在新旧知识的连接点和难与易的转化点上，这样才有发散的基础和余地。④提问的语言要明确、简洁。

如在教学三角形面积计算公式推导时，曾有一位老师在学生掌握了利用两个全等三角形拼成平行四边形推出公式后，抓住时机，激发学生思维，问道："同学们，你还能通过剪、拼、移或是其他的方法推导出三角形的面积计算公式吗？动动脑、动动手、试一试。"结果学生想出了六七种方法，有的连老师都没想到，尽管有的方法并不是最好的，但学生那种探索的精神品质得到了很好的锻炼，思维的角度得到扩展，从效果上检验，这不是仅仅学会一个公式可以比拟的。教学中像这样的内容大有可挖掘之处，恰当的提问可以调动学生的潜在智能，诱发创新意识。只要我们备课时有这个意识，设计一些精妙的提问，便可使教学事半功倍，变"授"为"导"。

（三）鼓励学生挑战常规思路

创造性思维不是每个学生都具备的，一旦出现非常规思路，只要是自己想的，即使不简洁，也应给予鼓励，以激励创新意识的逐步形成。

创造性思维就像种子一样，需要一定的环境，包括土壤、气候、科学地灌溉、施肥、培养等，才能发芽、生根、开花、结果。教师就是要创造一个环境，如营造民主宽松的课堂气氛、鼓励对常规思路的挑战、引发更多的质疑等等。因此，要让学生插上思维的翅膀，在联想的天空中翱翔，让他们感觉到：创造，我也行。

（四）加强学生独立探究能力的培养，注重思想引领

在初中数学的课堂教学过程中，培养学生的思维技能是当下数学课程教学改革的主要内容，一线数学教师需要积极关注。可以看出，思维技能的培养属于能力与教育的基本范畴，其最明显的特征就是课程目标无法定量，课程评估系统也无法高效形成。因此，思维技能的培养周期是相当漫长的，很难在短期内通过外显性的形式表现出来。在学生思维技能的培养过程中，加强对学生的独立探究能力的培养，并突出学生在课堂学习过程中的思维活动是基石，同时也是最重要的方法。在具体的课堂教学中，教师要带动学生参与到数学教材逻辑的推导过程当中，并注意领会每一步的运算步骤，在课堂教学的各个环节中加大学生探究的力度。在课堂教学前，学生通过导学案能够对课程进行自主认知和独立探究，在课堂上经过教师的积极指导，学生也要体会并掌握蕴含在里面的逻辑。

（五）指导与激励学生分析、总结，激发学生的创造性思考活动

众所周知，初中数学知识有着很大的内在逻辑性，而数学教材中又有许多能够培育学生思维技能的重要资料和素材。因此，教师要积极发掘和丰富自己的教育学科组织形态，并着力培育学生的思维技能。从具体实际运用上来说，数学教师要指导和激励学生开展分析、汇总、概括等思考活动。在这里汇总分析的内容是多种多样的，教师能够分析汇总、概括各种题型的解题思路，也能够分析汇总、概括各种传统和现代数学教育元素。例如，教学抛物面和双曲线之间的异同点，当介绍三角形的外切圆时，教师能够在课堂上给学生画一画锐角三角形、直角三角形和钝角三角形的外切圆，然后指导学生归纳总结各种三角形外切圆所在的点。在这种主动探索和自主学习的过程中，学生对知识点进行的分析、汇总、概括，学生的逻辑思维也受到了有效训练。在这一教学过程中，教师必须重视培养学生的创新性思维，引导学生就某些数学课程内容提出各种各样的疑问，确定不同的解题思路，并探寻更加简单明了的解题方法。虽然每位学生进行这种思考活动的成果并不一定是理想的，但在这一实践过程中，他们的逻辑思维却获得了实实在在的培养与优化。

（六）高效且科学地创设基于学生现实生活的问题情境

核心素养下，在初中数学课堂教学中培养学生的各项基本能力，其实现方法是多种多样的，但高效且科学地创设特殊的教育情境才是最关键的方法之一，同时教学情境的设计也要以学生的既有生活经验为基础。教学情境设计的最终目的是吸引学生的注意力，让学生更加直观地认识与掌握知识。

三、培养学生创新思维的哲学思考

创新精神是人的能动性的一种特殊表现，它以不循常态、另辟蹊径为标志。这种不满足既有状态而着力开拓的思维方式，就是创造性思维方式。在马克思主义看来，创新精神和创造性思维是一个统一的整体。在这个系统中，解放思想和实事求是是创新的前提和基础；辩证法是创新方法的核心，创新精神和创造性思维统一在实践的基础上。

要创新就必须有合理想象和创造性思维。这就要求我们以科学理论为指导，面对实际，敢于提出新问题、解决新问题。

创新是一个民族进步的灵魂，是一个国家兴旺发达不竭的动力。我们可以这样理解：如果没有创新，而是一味地模仿，人云亦云，或束缚于传统的框框条条，就永远不能赶上、更不能超过发达国家。当前我国已进入全面建成小康社会、加快推进社会主义现代化的新的发展阶段，我们将面临许多新情况、新问题、新考验。正确认识和解决这些新情况和新问题，经受住新考验，就不能套用现存的模式，也不能照搬原有的经验，必须发扬创新精神，运用创造性思维，创造性地应对实践中遇到的挑战，才能将建设有中国特色的社会主义事业不断推向前进。

21 世纪是知识经济占主导地位的时代。知识经济是以知识为基础的经济，这种经济直接依赖于知识与信息的生产、扩散和应用。在知识经济时代，创造能力包括知识创新和技术创新。知识创新的目的是追求新发现、探索新规律、创立新学说、创造新方法、积累新知识。知识创新是技术创新的基础，是新技术和新发明的源泉，是促进科技进步和经济增长的革命性力量。知识创新为人类认识世界、改造世界提供新理论和新方法，为人类文明进步和社会发展提供不竭的动力。要使一个国家、一个民族有创新，就必须注重对下一代的教育和培养。对于青年学生，尤其是中学生的创新意识、创新能力的培养，除家庭和社会的因素外，教师的培养起关键作用。

创造性思维有一个很重要的表现，即敢于打破常规，进行逆向思维。如亚里士多德认为，如果物体由同一高度在空中落下，重物快，轻物慢。但伽利略对此表示怀疑。伽利略不被常规所限，发挥创造性思维，进行科学设想，发现了自由落体定律。事实和科学均证明了伽利略的怀疑是对的。但时至今日，传统的、错误的教学模式仍在压抑甚至扼杀学生的创造性思维，对学生进行满堂灌、填鸭式的教学，不能激发学生创新思维。这种拼时间、打疲劳战的传统，在很多学校尤其是初三年级是普遍存在的。这样做，看似抓了时间，实则浪费时间。因为这样做，学生是被动学习，其积极性、主动性未发挥，难以调动兴趣，创造性思维从何谈起？所谓磨刀不误砍柴工，就是要改变这种不合理状况，科学合理安排时间。

针对传统教学模式中学生对学习不感兴趣、缺乏学习动力，创造精神、创新思维不足这一情况，我们要采取激发学生兴趣的一系列措施：例如建立不同层次的兴趣小组（经济学、哲学、时政）、进行参观调查访问、写调查报告、写小论文、时政知识竞赛等，调动学生积极性。俗话说兴趣是最好的老师，学生可以将学到的书本知识与国内外重大时事政治以及日常社会生活的实际相结合，既提高了学习的兴趣，又一改过去传统的、单调枯燥的说教，培养了学生的动手能力和理论联系实际能力，充分发挥了学生主体作用，激发了其创新思维。按照心理学家马斯洛的观点，人的需要主要分五个层次，由低到高依次为：生理的需要、安全的需要、归属与爱的需要、尊重的需要和自我实现的需要。其中尊重的需要包括希望获得别人的尊重和自尊两层含义。自尊自信能帮助我们树立远大理想，选择奋斗目标，使我们有勇气排除困难，锲而不舍地为实现自己的目标奋斗。缺少自尊自信，就像一艘搁浅的舰船，难以通向成功的港湾。古今中外事业有成的人，都有强烈的自尊心和自信心。因此，老师教育、培养学生千万不能挫伤其自尊自信，更不能侮辱其人格。有的学生性格内向，或有自卑感，还有的学生比较骄傲，这都需要教师优化学生性格：对于自卑的人要善于发现其闪光点、发现其长处；对于自高自大的人要指出其不足，不能将学生一棍子打死。通过尊重学生人格，激励学生自尊自信，优化学生性格，发现学生闪光点，调动学生兴趣，培养学生创造性思维等措施，争取在培养学生创新思维方面取得较好成效。

作为世界观和方法论，创新精神和创造性思维与具体的创新活动的关系是一般与个别的关系。它渗透在创新过程中，通过指导具体的创新活动，并推动实现具体的创新，从而促进我国经济、社会发展。理论创新是体制和科技创新的前提和基础，只有实现理论创新，才能搞好体制和科技创新，从而顺利改善和发展生产关系，实现生产力的革命性进步与跨越式发展。而要做到这些，就离不开创新精神和创造性思维方法。群众是创新实践的主体。因此，从民族进步和国家兴旺发达的高度认识创新精神和创造性思维在我国经济和社会发展中的重要作用，必须培养全民的创新素质，尤其是注重对青少年的创新精神的培养。当然创新精神、创新能力的培养是一个较为复杂的系统工程，要有科学的理论为指导，从实际出发，激发学生的兴趣，要全面发展地看待学生而不是孤立静止地将学生束缚起来，要允许学生展开合理的想象，打破传统的旧框框条条的束缚，将马克思主义的唯物主义、辩证法、实践的观点有机结合起来，以达到学生创新思维培养的最佳境界。

四、初中数学思维能力培养之重要性

我们对周围世界的认识过程，从感觉、知觉到表象，都是我们对周围世界的直接反映，是对客观事物的个别属性、整体和外部联系的反映。然而，并非一切事物都是被我们直接地感知到，还需要以一定的知识为中介，间接地去反映和认识客观事物，这就是思维，它是认识的高级阶段。

初中数学的特点，是更加注重对于思维能力的培养。它要求每一位初中生，不再是简单地去认识、记忆一些数学现象与数学问题。它强调的是同学们在以往学习的基础上，对于自然界数的概念有一定的认识，在具备一些基本知识的前提下，能够主动地去学习，去思考，锻炼分析问题的能力，这一点是与以往的学习迥然不同的。

在整个初中阶段，牵涉到的数学概念、定理是很多的，不在理解的基础上加以灵活应用，学生就不能学好数学。因此，只有注重数学思维能力的培养，才能树立良好的学习态度，培养学生对数学的浓厚兴趣，这才是学好数学的有效途径。那么，数学的思维能力，包括什么内容呢？大致上可以分成以下四个方面。

第一个方面，是理解概念、应用概念解决问题的能力。理解能力是学习数学的基础，我们必须把握概念的本质，从而能够应用概念去解决问题。例如，求两个集合的交集，同学们应该知道，交集是两个集合元素共同部分组成的一个集合，那么有针对性地应用这个概念去寻找两个集合的公共部分，问题就解决了。有些同学之所以，不能区分交集、并集的概念，就在于不注重对概念的理解，以致做很多的题目，也只能是事倍功半。

第二个方面，是推理判断的能力。这要求同学们在理解概念的基础上，进一步展开，从而推导出结果，判断命题的正确性。这主要体现在几何证明题的推理上。有些同学平时不注意培养自己的推理能力，也不去判断题目的可能性，结果遇到要解决的问题，往往不知所措。

第三个方面，指分析综合的能力。指能对一个数学问题的已知要素展开、比较，再把各个部分联系起来。教学中，一定要注意引导学生自己去思考、分析问题，逐步培养学生的这种能力。第四个方面，指空间想象、联想的能力。它主要是指学生能对一些平面图、平面直观图，明确它的实际的立体图形，从而帮助自己分析问题。对于一个数学问题，同学们能够把它跟自己学过的知识联系起来，从而应用所学知识解决问题。

第四个方面，运用一些数学“模型”去解决问题的能力。首先要正确对待课本上的基本概念、基本规律，把握它们的实质，在平时做一些题目时，要注意题目的含义，弄清知识点，进一步巩固这些概念，从而能够运用概念解决数学问题。其次，在平时做题时，一定要独立思考，掌握知识点，培养解题能力。再次，就是对数学经常用到的一些工具必须掌握。在做一道数学题目时，如果一种方法不行，想一下能否用其他的方法；正面证明不行，是否可用反证法；逻辑推导不行，是否可从图像上去把握等等。最好比较一下各种做法的区别、异同，从而掌握事物的本质。

只要学生坚持做到以上几点，注重对自己思维能力的培养，相信可在学习数学方面取得良好的效果，如不注重思维能力的培养，那只能使自己陷于题海，只感到数学枯燥无味、公式多、概念多，学习效果可想而知。

综上所述，在初中阶段要注意培养学生的自学能力，教师要善于引导、启发学生，使学生能够主动地去学习，培养自己解题时的各种思维能力。

五、创新思维能力的培养

我们现在谈起创新能力的培养总是把它看得非常的神秘，其实我们每天都在不断创新，因为我们自身每天都在进行着改变。创新能力不能够狭隘地单方面认为是制造出对世界来说新的东西，当我们改变我们自身时，世界就以两种方式随着我们改变：一是以我们的行为影响世界的方式，二是我们经历世界的一个变化了的方式。

在创新能力的培养上我们不应执着于对结果的苛求，它应该是一种思想，一种理念的培养。然而，在我们目前的教育过程中却往往不能做到这一点。其主要原因是学校在教育理念上的缺失。教育既有培养创造精神的力量，也有压抑创造精神的力量。因此，如何通过教学来发掘教育在培养创造性方面的积极作用，营造良性的创造环境，至关重要。在我们学校教育中，老师更多地要求的是学生的同一性，“头上长角的孩子”经常会受到老师的责备；考试与作业也十分强调标准答案，其实这一做法在很多时候遏制了学生的创新意识，使学生变得唯唯诺诺，不会发表自己的看法，那又谈何创新思维能力的培养呢？具备创新思维的学生可能会比较顽皮，爱争辩，常有越轨行为，经常提出些怪问题让老师狼狈不堪，对这种情况我们所要做的不是指责，而是应该注重引导，保护他们的创造性思维的萌芽。当他们提出一个个为什么的时候，他们已经开始思考，开始用自己的思想来诠释教学中的知识点了，这就是一个将自己的创造性思维带入自由思维的过程。因此，教师在实施教学的过程中，每当发现学生在理解内容、解答问题、完成作业等过程中有所创新都应该给予鼓励，强化其创新意识。

现在很多的学校已经开展了研究性教育，这种教育形式的开展其目的就是培养学生的创新思维能力，通过让学生自己寻找问题，提出问题，研究问题，最后解决问题这一过程，来激发学生的创新思维能力。但就目前的做法来看是不够的，因为在目前研究性课程的开展过程中，我们更多的只是把创新能力培养的对象聚焦于优等生，对于那些学习平平或是成绩不理想的学生，老师往往并不支持他们参加这类活动，认为会影响他们正常的学习。然而，创新思维的培养不单单是优等生的事情，事实上创造性存在于每一个学生之中，关键看教师怎样在教学中引导、激发出来。

创造可以从低级到高级。知识少、能力不强的幼儿、少年也需要很多的知识，很强的能力，当然那是低级的。很多科学、技术、文化、艺术上的创造，需要很多的知识，很强的能力，那是高级的。没有低级的习惯，也就不能发展高级的创造。

未来社会，更多需要的是具有创新能力的人才，而创新能力是可以培养的，我们所要做的就是激发出每一个学生的创新思维意识。

第三节　初中数学逻辑思维能力

一、思维及其特点

逻辑实践是人类所从事的各种活动的统称。天体的运行，火山的喷发，植物的生长，河水的流动……这些都是自然界中存在的运动、活动，但不能称为实践；鱼类的洄游，动物的迁徙，候鸟的南去北往……这些也不是实践，其原因，是因为这些活动中没有思维的介入和参与。

蜜蜂营造的蜂房，令人类最伟大的建筑师自叹弗如，但即使人类中最蹩脚的建筑师也比蜜蜂高明，其高明之处，就在于蜜蜂营造蜂房只是一种本能活动，而建筑师在真正建造房子之前，已经首先在大脑里把它建好了，这就是人类所独有的思维活动。

人类的实践活动可以分为三类：生产实践、社会实践以及科学实践。在科学实践过程中所进行的思维活动，就可以称之为科学思维。

如果科学实践中有科学思维，那么是否社会实践有社会思维、生产实践有生产思维呢？并非如此。不论是生产、社会还是科学实践，都有思维活动的参与，都遵循共同的思维科学规律。而所谓思维科学，也就是研究思维现象及其规律的科学。

不论从事哪一类实践活动，其思维的内容都是现实的、具体的，因而也是各不相同的；但就思维形式而言，只有三种基本类型：逻辑思维、形象思维以及直觉思维。

（一）逻辑思维及其特点

1．定义

逻辑思维是在感性认识的基础上，运用概念、判断、推理等形式，对客观世界进行间接、概括反映的过程，是科学思维的一种最普遍、最基本的类型。

2．理解

逻辑思维是通过概念、语词，以及由它们所组成的判断、推理等形式，来反映客观世界的规律的方法。

科研过程中，逻辑思维的基础是科学事实。为什么定义中要强调“在感性认识的基础上”？因为逻辑思维作为科学思维的一种方法，要以科学事实为基础，在科学事实的基础上，运用概念、判断、推理等形式，去说明新现象，去推导出新结论。也就是说，逻辑思维方法要以科学事实为基础，而科学事实正是感性认识的结果。

逻辑思维方法是科学思维的一种最普遍、最基本的类型，因为科学事业作为一门最讲理的事业，不论是发现新问题，还是解释新问题，不论是论证，还是反驳，都要说理。所谓“摆事实，讲道理”，也就是说必须符合逻辑。思维的三种基本类型中，逻辑思维是最基本的，形象思维、直觉思维，最终都必须归结到逻辑思维上来。

3．种类

逻辑思维方法可以分为形式逻辑思维方法和辩证逻辑思维方法。至于这两种具体的逻辑思维方法的定义，我们放到下面去讨论。

不论是形式逻辑思维方法，还是辩证逻辑思维方法，都要涉及比较、分类、类比；分析与综合；归纳与演绎；证明与反驳等方法。这些方法，都是逻辑方法所包含的内容。限于篇幅，我们这一节主要讨论分析与综合、归纳与演绎以及类比方法。

（二）形式逻辑思维及其特点

1. 定义

形式逻辑思维，是逻辑思维的初级阶段，它是从抽象同一性、从相对静止和质的稳定性方面去反映事物的。

2. 理解

首先要理解什么是“形式逻辑”。顾名思义，就是指从思维形式上研究概念、判断、推理及其正确联系的规律。

形式逻辑以保持思维的确定性为核心，帮助人们正确地思考问题和表达思想；思维要保持确定性，就要符合形式逻辑的一般规律，即以同一律、不矛盾律和排中律为基本规律，以使用“固定范畴”为特点。

数理逻辑以研究推理规律为核心内容，是一门具有数学性质的工具性学科。它的主要特征是用一套表意符号（即人工符号语言）表达思维的逻辑结构和规律，从而把对思维的研究转变为对符号的研究。这种方法能够摆脱自然语言的局限，清除歧义性，从而构成像算术或代数那样严格的、精确的演绎体系。如今计算机科学技术的飞速发展，机器思维研究的大量研究成果，其逻辑基础和起点正是这里所谓的现代形式逻辑。

（三）辩证逻辑思维及其特点

1. 定义

辩证逻辑思维是思维发展的高级阶段，它以使用“流动范畴”为特点，从形式和内容的统一上去研究概念、判断和推理等思维形式。

2. 理解

形式逻辑只注重思维形式，相对说忽略了思维所涉及的具体内容。自从黑格尔把辩证法引入逻辑思维，也就开始了辩证逻辑的发展史。

辩证逻辑思维的基本规律是对立统一规律，它以使用“流动范畴”为特点。当然，从广义的范围看，科学抽象的结果，还包括科学判断、科学假说和科学理论。

二、分析与综合

整体与部分的矛盾，是自然界中普遍存在的一对基本矛盾。作为思维方法的分析与综合，是人们在认识客观对象时，按照一定的认识目标而对对象实行的这样或那样的分解与组合。

（一）分析方法及其在科学认识中的作用

1. 分析方法的定义

分析是把客观对象的整体分解为一定部分、单元、环节、要素并加以认识的思维方法。也有的教材认为：分析是在思维中把经验材料、研究对象分解成各个部分、各个要素、各个层次，或把复杂的过程分解为各个片段，然后分别进行考察的一种逻辑方法。

2. 理解

任何事物都存在着部分和整体的矛盾。如解答一道数学题，有要求、已知条件和问题，要先审题、归纳已知条件和未知条件、分析逻辑规律、打草稿和作答。这种把整体分解为各个部分的过程，就是分析。另外，在头脑中把整体中的某一方面、某一属性分离出来的方法，也叫分析。

分析方法作为一种操作方法，主要是个“分解”的过程。这种分解有两种含义：

其一，是类似于解剖那样的分解。如把人这一整体分解为运动、呼吸、消化、神经等系统，然后每个系统再进一步分解，如消化系统再分解为口腔、咽喉、胃肠等器官，每个器官再进一步分解为不同的部分……这种分解或分析的操作，属于横向的分析。

其二，是类似于物理学中对物质结构进行研究分析的方法，把多种多样的物质世界分解为各种各样的分子，分子再分解为各种各样的原子——原子核与核外电子——质子与中子——层子……这种分析操作属于纵向的分析。

3. 思维方式上的特点

分析方法在思维方式上的特点，是通过认识对象的各个组成部分的属性，来认识对象内在的本质和整体规律。这种思维方式，包括三个基本要素：①把作为整体的研究对象分割成各个独立的部分。②深入剖析各个独立部分的特殊本质，即各种属性及其规定性。③进一步剖析各部分之间的相互联系情况，以及相互作用的规律性。

通过对这三个要素的介绍，我们回过头再来理解分析方法。这是一种操作方法，或者一种具体操作的程序，但不是生理解剖那种操作，而是一种思维操作方法。前面所讨论的医学解剖操作以及关于物质世界基本结构单元的研究，实际上是一种实验操作，是解剖实验和物理实验，而不是分析；分析方法则是指导、支配你从事实验操作的思维方法。

4. 分析方法的作用与局限

从科学发展的历史看，古代人对世界的认识是笼统直观的，也就是说想当然地认为事物就是这个样子或那个样子，不求甚解。这种认识的结果，必然也是笼统而又含混的，虽然不乏天才的直觉。也就是说，虽然古代文化知识的遗产中包含着能给人以启迪的各种思想火花，但“火花”毕竟不是“太阳”。古代的知识成果之所以，不成为科学的体系，主要是因为古代人不能深入事物内部去弄清它们的本质特征，因为古人还没有掌握分析方法。

近代以分析为主的研究方法，因为要克服古代人思维中笼统直观的特点，深入客观事物、现象的内部，去发现其本质规律，就需要把事物分解开来，这当然应首先拿那些最简单的事物现象开始研究。在近代人的思维方法体系中，最简单、最低级的运动形式正好与古人的看法相反，机械现象、力学现象反而成了最先拿来分解研究的对象。所以，对力学现象的认识最先得到突破，建立了最早的自然科学体系。

力学体系建立后，一方面为化学、生命科学、医学、心理学等科学体系的建立提供了范本，同时，分析方法在力学体系的建立过程中也得到了发展，人们的认识能力也相应提高了，这为更复杂的运动现象的分析研究提供了条件，于是，才相继有了化学、医学等科学体系的建立。可见，在近代自然科学体系的建立过程中，分析方法确实立下了汗马功劳，没有分析，就没有近代科学。

运用分析方法对事物现象进行必要的分割，孤立地研究这些部分，的确能把认识引向深入，但这种思维方法也容易养成一种孤立、片面、静止地观察问题的思维习惯。正因为近代科学体系的建立对分析方法有很大的依赖性，所以，近代自然科学与哲学都带有这种认识方法所特有的局限性，即形而上学的思维方式。

人们认识事物不仅要认识其各个部分，更要认识其整体。怎么认识整体呢？这就要用到另一种逻辑思维方法——综合方法。

（二）综合方法及其在科学认识中的作用

1. 综合

综合就是在分析的基础上，把对客观对象一定部分、单元、环节、要素的认识联结起来，形成对客观对象统一整体的认识的思维方法。

2. 理解

综合是分析的逆过程，综合方法与分析方法是两种作用、方向完全相反的思维方法。两者都是思维操作方法，都是建立在整体与部分的矛盾之上。

必须强调的一点是，综合是在分析的基础上进行的，没有分析，就谈不到综合。当然，综合的目的是从整体上把握对象，但古代人认识世界的方法，也是从整体上去把握对象的，这是不是综合呢？不是，因为这种整体认识缺乏分析的前提和基础，所以，只能称之为笼统的直观。另外要注意的一点是：综合绝不是把事物的各个部分机械地凑在一起。综合必须有所依据，即事物各部分间的本来联系。

3. 综合方法在科学认识中的作用

（1）综合是通向科学发现和促使理论发展的重要途径

综合所引发的科学发现，与分析方法以及观察、实验不同。观察、实验发现的是感性的事实，分析发现的是关于事物的部分、片段的抽象规定，而综合发现的则是事物的本质以及事物运动发展的规律。如德国医生迈尔（Mayer）随船赴印度考察时，曾根据船员静脉血颜色随外界温度变化的情况，写出了世界上最早的关于能量转化与守恒思想的论文，但只涉及热功当量、机械运动中动能与势能的转化、气体分子内能的转化、电场与磁场能量的转化等一系列现象，事实都认识清楚后，才由开尔文（Kelvin）爵士在综合的基础上正式提出了能量的转化和守恒定律。也只有这种建立在高度综合基础上的科学发现，才称得上是 19 世纪初自然科学三大发现之一。

至于理论体系的创立和发展，更是离不开综合。像生物进化论、量子力学、分子生物学等学科的创立与发展，都是在大大小小的综合基础上实现的。

（2）综合也是通向技术发明的重要途径

与纯科学的发展相比，技术发展史上更少革命的色彩，因为技术成果一般情况下总是综合的产物。当今世界技术更新的周期越来越快，但对比新旧技术，往往是革新的成分居多，而这种革新一般都是在综合既有技术要素的基础上实现的。核技术、航天技术、生物工程技术、能源技术、电子技术、通信技术等等，无一不带有多学科理论、技术综合的色彩。

另外，作为题外话，要特别强调一下综合方法在当今科学界的特殊重要性。大家都知道，当今世界科学发展呈现出一方面分化与分工日益精细的特点，另一方面又出现了交叉、横断、边缘学科大量涌现的趋势。但科学一体化的趋势仅仅是露出苗头而已，离真正的一体化时代仍然相当遥远。分工、分化越来越细致，导致科学研究与可感知世界的距离越来越遥远，“只见树木，不见森林”→“只见树叶，不见树木”→“只见叶脉，不见树叶”。因此，只有通过综合，才能使人们形成整体的认识。

（三）分析与综合的辩证关系

分析与综合是人们在认识客观事物过程中运用的两种思维方式，存在着相互联系、不可分割的关系。

分析把复杂的事物、过程分解为各个部分、片段，综合又把被分割的各个部分、片段联结为一个整体。客观事物与现象总是部分与整体、多样性与同一性相结合的有机整体，建立在这一基础上的分析与综合也必然是相辅相成、对立统一的关系。具体表现在如下几个方面：

1．分析与综合互相依存、互为条件、互相补充

离开分析的综合将是空洞的、无根据的，对整体的认识只能靠猜测、臆断并最终导致思辨，这种猜测、臆断和思辨的结论绝不是科学；离开综合的分析，无论这种分析是多么精细、准确、可靠，也不可能自动上升为理论，也不能自动揭示事物的本质及运动发展的规律。这些零散的资料只能揭示事物某些方面的本质，只能说明个别现象。

2．分析与综合相互转化

这种转化表现在两个方面：首先，从科学认识的长远进程来看，这两种认识方法是不断交替更迭使用的。分析→综合（假说）→再分析（建言）→再综合（判决）。其次，就具体科学认识活动而言，分析与综合这一矛盾的两方面，其主次地位也是不断转换的。

三、归纳、演绎、类比

任何事物，都是个别与一般的统一。归纳、演绎和类比都是数学中的思想。归纳，是指从许多个别的事物中概括出一般性概念、原则或结论的思维方法。从一些假设的命题出发，运用逻辑的规则，导出另一命题的过程，由一般原理推演出个别情况下的结论，就是演绎。就是由两个对象的某些相同或相似的性质，推断它们在其他性质上也有可能相同或相似的一种推理形式是类比。

（一）归纳及其在科学认识中的作用

1．归纳

归纳方法是从大量个别事物中概括出共同本质或一般原理的逻辑思维方法，逻辑学上又称为归纳推理。

2. 理解

任何事物都是个性与共性的对立统一体，这是归纳法的客观基础。归纳就是把隐藏在个性之中的共性的东西抽出来，挖掘出来。要挖掘，首先就必须有共性存在，如果根本没有共性，就无从挖掘，归纳也就失去了存在的依据。

由于个性之中有共性，任何个别事实中总包含着某种一般的东西，这就使归纳的结果具有了一定的可靠性；又因为个性总是比共性丰富，任何个别都不能完全包含在一般之中，因而归纳的结论带有较大或然性。

归纳推理由推理的前提和结论两部分组成。其前提是若干已知的个别事实，属于个别或特殊的判断和陈述。结论是从前提中通过逻辑推理而获得的一般原理，是普遍性的判断和陈述。

3. 归纳法在科学认识中的作用与局限

（1）作用

第一，通过个别科学事实得出普遍性规律。第二，可以使经验性的科学事实上升为一般原理。第三，可以使范围较小的一般原理上升为更普遍的一般原理。正由于归纳法能够带来科学发现，能够带来规律性、普遍性的结论，因而被称为“发现的逻辑”。

（2）局限：结论的或然性

对归纳结论的检验是个近乎永恒的进程。

（二）演绎方法在科学认识中的作用

1. 演绎

演绎是从一般到个别的推理方法。

2. 理解

“一般”等于已知的原理、定理、法则、公理，属于较大的类。“个别”等于未知的特殊事物及其属性，属于较小的类。演绎推理的基本形式是亚里士多德所提倡的三段论，一般由大前提、小前提、结论三部分组成。

3. 演绎在科学认识中的作用与局限

（1）作用

第一，演绎是建立科学理论体系的有效方法。第二，演绎方法也是逻辑证明或反驳的有力工具。第三，通过演绎也可以建立新概念、发现新的自然规律。

（2）局限

第一，演绎推理的结论原则上讲都包含在前提之中，所以，提供的新知识极为有限，是创造性较小的一种逻辑思维方法。第二，结论可靠性受前提制约，而前提的可靠与否，依赖于归纳方法或其他方法得出的一般原理。

（三）归纳和演绎的关系

科学认识是归纳和演绎的辩证统一。

首先，演绎要以归纳为基础，归纳要以演绎为指导。演绎方法的大前提来自归纳，所以，演绎包含着归纳，没有归纳就没有演绎；同时，归纳要以演绎为指导，人们总是在一般原理的指导下对经验进行归纳的，从这个意义上说，没有演绎也就没有归纳。

其次，在科学认识活动中，归纳与演绎所起的作用不同。归纳概括经验性的事实，处于科学认识的经验层次，以观测到的实验结果为依据；而演绎方法主要用于建立必然性的知识体系，处于科学认识的理论层次。作为科学认识中两个阶段的两类认识方法，归纳的目的是确立科学认识基础的客观性，而演绎则保证构成科学认识基础的知识元件、要素间联系的必然性。

总之，科学认识的深化、发展，是在从个别到一般、再从一般到个别的不断深化、发展中实现的。

（四）类比方法及其在科学认识中的作用

1．含义

根据两类对象在某些方面的类似或同一，推断他们在其他方面也可能类似或同一的逻辑方法，逻辑学上也叫作类比推理。

2．理解

从个别到个别的类比推理。从一般到一般的类比推理。

3．作用

①启发思想，开拓思路，形成假说。②触类旁通，解释外推，为已有理论开拓新的应用领地。

四、数学逻辑思维能力的培养

逻辑思维是借助于概念、判断、推理等思维形式所进行的思考活动，是一种有条件、有步骤、有根据、渐进式的思维方式，是中学生数学能力的核心。因此，在中学数学教学中必须着力培养学生的逻辑思维能力。

（一）要重视思维过程的组织

要培养学生的逻辑思维能力，就必须把学生组织到对所学数学内容的分析和综合、比较和对照、抽象和概括、判断和推理等思维的过程中来。教学中要重视下列思维过程的组织：

首先，提供感性材料，组织从感性到理性的抽象概括。从具体的感性表象向抽象的理性思考转化，是中学生逻辑思维的显著特征。随着学生对具体材料感知数量的增多、程度的增强，逻辑思维也渐次开始。因此，教学中教师必须为学生提供充分的感性材料，并组织好他们对感性材料从感知到抽象的认识过程，从而帮助他们建立新的概念。例如教学循环小数时，可先演算小数除法式题，使学生初步感知“除不尽”。然后引导学生观察商和余数部分，他们会发现商的小数部分从某一位起，一个数字或几个数字依次不断地重复出现，与此同时，使之领会省略号所表示的意义，这样，他们可在有效数字后面想象出若干正确的数字来。这种抽象概括过程的展开，完全依赖于“观察－思考”过程的精密组织。

其次，指导积极迁移，推进旧知向新知转化的过程。数学教学的过程，是学生在教师的指导下系统地学习、继承前人经验及知识的过程，数学教材各部分内容之间都潜含着共同因素，因而使它们之间有机地联系着，我们要挖掘这种因素，沟通其联系，指导学生将已知迁移到未知、将新知同化到旧知，让学生用已获得的判断进行推理，再获得新的判断，扩展他们的认知结构。一方面在教授新知时，要注意唤起已学过的有关旧知，如教学除数是小数的除法时，要唤起“商不变性质”“小数点位置移动引起小数大小变化的规律”等有关旧知的重现；另一方面要为类比新知及早铺垫，使学生在此前学习中所掌握的知识，成为“建立新的联系的内部刺激物和推动力”。

再次，强化练习指导，促进从一般到个别的运用。学生学习数学时，了解概念，认识原理，掌握方法，不仅要经历从个别到一般的发展过程，而且要从一般回到个别，即把一般的规律运用于解决个别的问题，这就是伴随思维过程而发生的知识具体化的过程。因此，一要加强基本练习，注重基本原理的理解；二要加强变式练习，使学生在不同的数学意境中实现知识的具体化，进而获得更一般，更概括的理解；三要重视练习中的比较，使学生获得更为具体、更为精确的认识；四要加强实践操作练习，促进学生的“动作思维”。

最后，指导分类、整理，促进思维的系统化。教学中指导学生把所学的知识，按照一定的标准或特点进行梳理、分类、整合，使学生的认识组成某种序列，形成一定的结构，结成一个整体，从而促进思维的系统化。

（二）要重视寻求正确思维方向的训练

1．指导学生认识思维的方向问题

（1）顺向性

这种思维是以问题的某一条件与某一答案的联系为基础进行的，其方向只集中于某一个方面，对问题只寻求一种正确答案。也就是思维时直接利用已有的条件，通过概括和推理得出正确结论的思维方法。

（2）逆向性

与顺向性思维方法相反，逆向性思维是从问题出发，寻求与问题相关联的条件，将只从一个方面起作用的单向联想，变为从两个方面起作用的双向联想的思维方法。

（3）横向性

这种思维是以所给的知识为中心，从局部或侧面进行探索，把问题变换成另一种情况，唤起学生对已有知识的回忆，沟通知识的内在联系，从而开阔思路。

（4）散向性

这种思维，就是发散思维。它的思维方式与集中思维相反，是从不同的角度、方向和侧面进行思考，因而产生多种的、新颖的设想和答案。

2．指导学生寻求正确思维方向的方法

培养逻辑思维能力，不仅要使学生认识思维的方向性，更要指导学生寻求正确思维方向的科学方法。为使学生善于寻求正确的思维方向，教学中应注意以下几点：

（1）精心设计思维的感性材料

培养学生的思维能力既要求教师为学生提供丰富的感性材料，又要求教师对大量的感性材料进行精心设计和巧妙安排，从而使学生顺利实现由感知向抽象的转化。例如，教授质数、合数概念时，先让学生写出几个大于 1 的自然数，在寻求其约数个数时，学生通过观察、分析、归纳后，可“发现”约数的个数有两种情况：一种是只有 1 和本身，另一种是除 1 和本身外，还有其他约数，从而引出质数和合数的概念。

（2）依据基础知识进行思维活动

中学数学基础知识包括概念、公式、定义、法则等。学生依据上述知识思考问题，便可以寻求到正确的思维方向。例如，有些学生不知道如何做三角形的高，怎样寻求正确的思维方向呢？很简单，就是先弄准什么是三角形的高，“高的概念”明确了，做起来也就不难了。

（3）联系旧知，进行联想和类比

旧知是思维的基础，思维是通向新知的桥梁。由旧知进行联想和类比，也是寻求正确思维方向的有效途径。联想和类比，就是把两种相近或相似的知识或问题进行比较，找到彼此的联系和区别，进而找到所探索问题的正确答案。

（4）反复训练，培养思维的多向性

学生思维能力的培养不是靠一两次的练习、训练能奏效的，需要反复训练，多次实践才能完成。由于学生的思维方向常是单一的，存在某种思维定式，所以，不仅需要反复训练，而且要注意引导学生从不同的方向去思考问题，培养思维的多向性。

（三）要重视对良好思维品质的培养

思维品质如何将直接影响着思维能力的强弱，因此，培养学生逻辑思维能力必须重视良好思维品质的培养。

1. 培养思维敏捷性和灵活性

教学中要充分重视教材中例题和练习中“也可这样算”“看谁算得快”“怎样算简单就怎样算”等提示，指导学生通过联想和类比，拓宽思路，选择最佳思路，从而培养学生思维的敏捷性和灵活性。

2. 培养思维的广阔性和深刻性

教学中注意沟通知识之间的联系，可以培养思维的广阔性和深刻性。例如，教授分数应用题时启发学生联想起倍数应用题，教学百分数应用题时启发学生联想起分数应用题……这样可以调整和完善学生头脑中的认知结构：从几倍的“几”到几分之几的“几”，到百分之几的“几”，从而使之连成一个整体，不仅培养了学生思维的广阔性，也培养了思维的深刻性。这对于学生在数学学习中，是很重要的品质，也是解答难题的关键法宝。

3. 培养思维的独立性和创造性

教学中要创造性地使用教材并借助形象思维的参与，培养学生思维的独立性和创造性。例如，教材例题中前面的多是为学习新知起指导、铺垫作用的，后面的则是为已获得的知识起巩固、加深作用的。因此，对前面例题教学的重点是使学生对原理理解清楚，对后面例题的教学则应侧重于实践，以培养他们思维的独立性。

教学中要重视从直观形象入手，充分调动他们的各种感官，获取多方面感性认识，并借助于形象思维的参与，加强对知识的理解，促进思维的发展，培养思维的创造性。

第七章　基于核心素养的初中数学教学实践的多元化探究

第一节　基于核心素养的初中数学概念教学的策略

一、数学概念与数学概念教学的界定

（一）数学概念

1．数学概念的定义

数学概念通过定义、公式等表达出来，是人类对抽象内容的一种概括。同时，也是对数量关系的一种表达。概念是知识的本源，数学概念学习应该从摸清根源开始。知识是无限的，任意一个内容都需要由中心部分扩散而出。概念输出大于输入，坚持长时间的输出，内化成自己的知识，才能灵活地掌握与运用。

数学概念就是数学知识的关键，所以，在数学教育中，数学概念的重要性如何强调都是应该的。数学概念的学习过程是思维的形成，对概念理解必须到位。理解数学概念需要从不同角度把握其内在，先由具体分析再抽象出它的深处。其作为数学头脑的源泉，是启发思维的关键点，是培养核心素养的源头。

2．数学概念的分类

数学概念的类型多样，根据不一样的种类可以分成多种类型。

（1）根据概念组成进行分类

概念一般都由内涵和外延组成，分别代表了不同的意思。前者是对概念自身所蕴含意义的反映，后者是其本身所映射出的同一种类型的对象。比如，函数包含一次函数、二次函数等。概念的内涵和外延关系密切，不可分割。它们是随着前者的增加，后者减少。反之，前者减少，后者增加。

（2）根据概念特征进行分类

根据数学知识的综合性和区域性特征，可以将数学概念划分为数学区域概念和数学类别概念。数学区域概念指在某一领域内多种事物具有相同的特征，例如函数、方程等。而数学类别概念是指在指定的事物中所具有的特征，如平行线中的同位角与内错角等。

（3）根据概念外延范围进行分类

早年前我国对于数学概念的分类是几何与代数，现如今可以将数学概念的外延范围划分为三种类型。其一有着丰富的内涵，外延范围狭小，如梯形等。其二是指一类具有共同属性的概念，有着丰富的外延，内涵范围狭小，如一元一次函数、一元二次函数等。其三是由前两种数学概念进行融合得到的。正确地理解和形成一个数学概念，必须明确这个数学概念的内涵——对象的“质”的特征，及其外延——对象的“量”的范围。

（4）根据概念内涵性质进行分类

按照数学概念表面划分，可以将其划分为具体与抽象。具体数学概念可以直接通过表面的意思来理解，比较容易理解，如坐标、三角形等。抽象数学概念从表层无法直接看出其本质，不容易理解，必须进行深入剖析，这种具有抽象性，不好处理与运用，如函数的性质与应用等。

3. 数学概念的特征

第一，判定特征。概念具有判定特征，指依据概念的内涵，人们便能判定某一对象是概念的正例还是反例。第二，性质特征。概念的定义就是对概念所指对象基本性质的概括，因而具有性质特征。第三，过程性特征。概念反映了某种数学过程或规定了操作过程，如分母有理化。第四，对象特征。概念是一类对象的泛指，如三角形。

（二）数学概念教学

数学概念学习中存在的诸多问题直接导致数学知识的掌握不牢，进而影响到整个数学知识体系的建立，影响到学生核心素养的发展。设计高效的课堂是至关重要的。通过阅读大量的文献，可知研究数学概念的重要性，也了解到当下数学概念的教学存在一定的问题。

根据大多数研究中对数学概念教学过程的分析，结合当下教育热点，分析数学核心素养与概念教学之间的关系，进行高效的数学概念教学是教师的职责所在。

数学概念一般由知识和逻辑组成，它具有抽象概括性，因此，对其认真研究具有非常重要的价值。数学概念是数学教学内容的核心。它具有非常重要的价值。成功的数学概念教学是进行高质量数学课堂教学的钥匙，但对于教学策略的制定仍然不够完善，只是进行着重于概念的引入。现实教学中并没有系统地叙述概念教学的整个过程，构建概念知识体系。

数学概念教学尤为重要，但是由于存在各种因素，使得在教学过程中存在一些问题。这些因素是值得我们去分析和研究的，也值得我们去探索更高效的数学概念教学策略。

（三）数学概念教学构成要素

1. 引入

良好的开始是成功的一半。引入同样如此，它有着承上启下的作用，甚至可以起决定性作用。把引入作为开端，可以使学习者深入理解数学知识。反之，不恰当地引入，便会让学生感觉乏味无聊，失去对数学学习的乐趣，不利于学生的概念学习。当引入做好了，那便像打开闸门一样，带着学生一路欢快地奔流，让学生享受学习，喜欢学习。数学知识比较有逻辑性、抽象性，所以，学生学习数学知识的时候，可能感觉有点枯燥无味，对于理论知识的学习，他们更喜欢听故事、做游戏。那么教师可以根据内容的需要，择取适当的方式，将学生带入课堂之中，让学生对数学概念学习充满热爱，进而进行高效的学习，使思想观念得到良好的转变。

2. 理解

在一节课中引入之后，接下来便是理解。对于概念，我们要做的就是需要领悟其真正的意义，需要从整体领悟其内涵。真正领悟其内容是整节课堂的中心点。概念的理解促进学生思想内部矛盾发生积极转化，学生只有充分理解数学概念，才能够灵活地解决问题。使学生从心理上作出积极调整，让他们懂得从整体上分析。在这个过程中，领悟还是很重要的，是进行后续的重要部分。

3. 巩固

在数学概念教学过程中，学生对数学概念充分理解之后，同等重要的环节随之而来，那便是巩固。我们都知道遗忘曲线，所以在数学概念的学习中，需不断加强巩固，不断反复，借助言语、图文、练习等方式来巩固数学概念，否则，在没有不断重复、不断巩固的情况下，只会导致学生对数学概念产生遗忘，不能将数学概念进行迁移等状况，不利于学生思维的训练。

4. 概念体系的构建

某些数学概念之间具有连接性。数学概念体系的构建能够使学生清晰、透彻地认识概念，构建概念知识结构，又能够使得学生更容易记忆，摸清门路，厘清它们之间的牵扯。人对文字的记忆低于大脑对图文的记忆，在求取知识中，运用概念图的方式，将数学概念抽丝剥茧，理清结构关系，并且将零碎的数学概念进行整理，将知识融会贯通。开启学生的图文思维，从整体上形成对数学概念的认识，从整体上促进综合能力发展，提升学生的数学核心素养。

二、数学概念教学的理论基础

（一）维果茨基理论

维果茨基（Lev Vygotsky）认为，学习并不是被动接受，而是个体主动获取。每个学习者都是在已知道之上进行新的获得组合。新与旧时常碰撞，当两者产生矛盾时，需要进行调整自己的知识系统来更好地适应新的。学生更加需要我们教师的辅导支持，我们是辅助他们成长的人。

维果茨基说出了两部分：一是自身当下所处的档次；二是在经过成长或后期磨炼过程中可能达到的档次。他认为学生的吸收内容是头脑培育的过程。学习是从初级到高层不断提升的过程。内部必须与外界刺激发生作用，才能实现新旧知识的整合，构建新的认知结构。因而，应该让学生在弹性范围内进行成长，领悟内容。在能够接受的范围内学习，不可急于求成，我们针对的是初中学生，他们的系统层次还处于底层，教师在进行概念教学时，应好好考虑，应根据所教学生的认知情况，进行合理的教学。在旧知识的基础上累加新知识，不要一蹴而就，使得思维能力逐步得到提升，进而培养学生的数学核心素养。

（二）布鲁纳认知发现说

布鲁纳（Bruner）认为，看透学习很有必要。其本源就是把同一种东西进行归类，同时进行命名，说出它们的意义。

在他看来，我们只有一种任务。就是把该领悟的内容传输给所教之人。那么运用什么办法，是我们要仔细琢磨的。由此，他提倡使用发现学习的方法，让其自身发现问题、分析问题、解决问题，提升学生自主学习的能力，这也是当下核心素养的内在要求。比如，数学概念教学，通过教师的辅助指导，学生自动吸取，使学生可以自主探究寻找本源，处理矛盾，这种方式更容易让学生深入其中，达到教学目标。

三、概念教学中落实数学核心素养的策略

（一）研读《数学课程标准》，把握核心素养内涵

教育一直随着社会的发展而发展。教育不再仅仅要求学生掌握知识技能，还要求学生提高素质，这与核心素养的理念不谋而合，可见，要成为一位优秀的数学教师，掌握数学核心素养的内涵是必要条件。《义务教育数学课程标准》对教育理念、学制课时安排、体例结构安排、教学目标、课程实施建议均作出详细要求。教师若想要设计好一节优秀的概念教学课，必须对数学核心素养的内涵有一定的认识。倘若教师对数学核心素养的内涵认识都模棱两可，那是断不可能设计出基于数学核心素养下的概念教学的。《义务教育数学课程标准》其中的“课程内容”对初中阶段每一个知识点应该达到的教学目标都作出了明确规定，教师在规划任何一节数学教案教学时，包括数学概念教学案例，都应该事先研读相关部分的课程内容，按照《标准》的教学目标来制定教学目标，并且参考《标准》部分的评价建议，来检验教师所教授的概念教学课是否达到目标。教师对《标准》的仔细解读，有利于教师对数学核心素养的准确把握，从而有利于教师对基于数学核心素养下概念教学课的有效实施。

（二）创设情境引入概念，激发学生求知欲

数学概念可以理解为学生对数学事物最根本的认识，是数学逻辑思维最原始的表达形式，是组织数学内容综合体系的基本单元。而在实际教学中，由于课堂时间限制原因，教师一般会简短直接地呈现数学概念的定义，甚至以学生朗读概念定义的方式进行，这明显是不合适的。教师应该创设恰当的情境来引入概念，一个好的数学情境不只是为了引出今天所学的数学概念，还要注意学生的认知现状，新概念与学生的原认知发生冲突，注意引导学生将所学的内容和头脑中已有的经验建立联系。

生活情境是数学的发源地，实际生活中很多事物都是数学概念的原型，数学是一门从生活中来再到生活中去的学科。数学上的许多概念知识都与生活情境密切相关，因此，由生活情境来引出数学概念知识可以更接近学生的认识发展区，更有利于学生的理解。学生利用生活中的经验，对抽象的数学概念总结概括，融入生活情境的教学方式比传统的数学概念教学方式更加能够吸引学生的注意力。一个好的生活情境不仅要包含数学概念素材，最重要的是能够引导学生将生活化的问题抽象概括为数学问题，让学生亲身体会生活化情境转变为数学化问题的过

程，同时让学生意识到生活中处处蕴含着数学中的数量问题和图形问题。

（三）培养数学抽象能力，引导学生形成概念

任何数学概念的形成都不是一蹴而就的，而是经过漫长的发展过程、由数学家一步步推理证明演变而得到的。对于数学概念的形成也需要反复地猜想、证明、演变。数学抽象对学生掌握数学概念至关重要，是影响概念教学的最直接最重要的数学素养。

（四）深刻理解概念本质，提高学生数学思维

学习的本质是体验和感悟，要使学生真正地理解数学概念必须引导学生把握概念本质，让学生经历概念引入、形成的过程。在概念教学过程中，设计具有探索性的问题引导学生进行探究学习，让学生经历知识发生和发展的过程，促进新知识的自然生长。设计具有探索性问题使学生对概念的本质理解更加透彻，探索性的问题应该从学生的生活经验或认知经验入手，对其进行加工改造、重构深化。探索性问题的设置应注意：题目设置应该具有思维价值，能够有效地引发学生的理性思考；问题的难易程度要适中，学生通过适当的努力就可以解决；问题要有层次性，由浅入深地引导学生一步一步形成概念。

（五）注重概念多种表征，渗透数形结合思想

数学概念的抽象性和逻辑性特征使得众多的数学概念符号化，数学概念的表征分为文字语言、数学语言和符号语言，多种表征方式互相补充和丰富学生对数学概念的理解。对数学语言和符号语言的学习是数学概念学习的重要步骤，在获得数学概念定义时，教师要重视学生学习数学概念的多元表征，引导学生体会数学语言和符号语言形式的简洁性，内容的丰富性和使用的灵活性。在同一概念的多重表征中，重视每一种表征方式对数学概念的表达形式，在数学概念的表征学习时渗透数形结合思想。数形结合是根据数学问题的条件和结论之间的内在联系，既分析其代数意义，又揭示其几何直观，使数量关系的精确刻画与空间形式的直观形象巧妙、和谐地结合在一起，充分利用这种结合，寻找解题思路，使问题化难为易、化繁为简，从而得到解决。

数形结合的思想方法能够直观对比地引入概念，可以将抽象思维转化为形象思维，既可以避免学生学习中感受到枯燥无味，又可以帮助学生多角度全面地理解概念。比如“数轴”概念的表征学习，数轴有多种表征方式，有教科书上的文字定义，规定了原点、单位长度和正方向，还有数轴的图形表征方式等，数轴概念就是源于图形的基础上定义的，这是天生的联系，在教学时，不仅要学习“数轴”文字概念的内涵和细节，而且也要进行数轴图形的辨析和训练，学生可以更好地建立数轴的概念，也可以发展学生应用“数轴”概念解决问题的能力。在概念表征时向学生熏陶数形结合思想，在数轴概念应用练习时能够想到数轴的文字概念和图形形式，开拓学生的解题思路，锻炼发展学生的基本技能。

学生对于数学概念的表征有多重理解，如果在数学概念的学习中建立了数形结合的思想和意识，在数学公式、定理等数学概念的应用中便能高屋建瓴，融会贯通。

（六）融入数学概念文化，树立正确价值观念

在概念教学中，教师常着重于要求学生掌握概念知识，加强学生对概念知识的应用，然而却容易忽视引导学生了解数学概念的现状和历史发展这一方面。从某种角度看，这会导致学生对数学内容的认识较为片面或狭隘，也阻碍了数学文化的传承。在概念引入环节穿插数学小故事，巧妙地引出数学概念，可以使数学概念课更加生动有趣，激发学生的学习趣味性。

数学史可帮助学生更正确地理解数学核心概念。然而基于核心素养下的概念教学，并不是简单地陈列关于某个数学家的小故事，而是要对数学史知识重构，利用数学历史故事，引导学生体验数学家发明创造出数学概念的思路历程。指引学生主动发现探索，把数学概念讲活、讲透、讲深。

第二节　基于核心素养的初中数学发展性作业优化探究

一、数学作业

（一）作业的含义

作业包括课堂作业和课外作业两大作业类型。“课堂作业”即教师上课期间在课堂上所布置的一些活动，适合学生在课上随时进行当堂练习等，是正常教学活动不可或缺的一部分。“课外作业”跟家庭作业具有相同的意义，首先都是教师布置的，其次都是在课下时间完成的，最后作业目标是一致的，均是掌握知识和巩固知识。虽然对作业的定义有很多种，但是万变不离其宗，绝大多数作业定义为学校布置的功课和任务。

（二）发展性数学作业

给作业加一个修饰词，即发展性，什么叫发展性，就是基于一种发展性评价理论，区别于传统性作业所提出的一个新概念。传统基础性数学作业主要是通过做大量的课后习题，不断地进行书面训练，基本目的为巩固知识和培养学生的解题运算能力。由于学生作为学习的主体，具有顽强生命力且有自己的内心想法，处于正在发展中的人，可塑性很强。因此，在作业的设计上要顺应学生的这些特质，发展性数学作业具有发展性的特质，相对多样开放而不是封闭模式，它的开放性在于目标的多样（更加注重学生全面发展所达到的素质要求和适应社会具有的合作交流能力）、作业类型的多样（探究、开放、实践）、作业内容的多样（贴近生活、贴近社会）、作业评价方式的多样（自评、他评）。因此，发展性作业不仅要做到培养学生基础知识和必备能力，更要注重对学生的自主性和开放性思维的培养。下面将从作业功能、作业类型、作业设计者、作业特点这四个方面对传统性数学作业与发展性数学进行对比。

二、研究的理论基础

对初中数学作业进行探究设计的初衷是为了更好地使学生学会学习数学，在巩固学生基础数学知识的方面，提高学生各项数学能力，从而获得相应的数学素养，适应自身和社会的发展。多元智力、波利亚解题理论、维果茨基最近发展区理论为本书的研究提供了理论依据。

（一）多元智力理论

多元智力理论由美国著名心理学家加德纳（Gardner）首次提出，加德纳认为人们的智力组成是多元素的，但多个能力并没有直接组合在一起，而是相互依靠又独立，人的不同智力可以组成不同的组合，具有多元性、差异性、开发性。教师在教学时应该全面地看待学生的发展，不可一概而论。

多元智力理论对初中数学作业设计的启示如下：人的智力高低不等，智力组成成分不同，每一个学生都有各自擅长的方面和喜欢的学习风格，作为教师首先要认识到学生智力是存在一定的差异性和具有不同于他人的独特性，尊重每一个孩子的智力特点，正确看待每个孩子存在的不同之处，针对学生实际情况设计相应作业，根据不同学生的智力特点设计多层次化的作业，增加作业的趣味性、探索性，使每一个学生都得到完全的发展。

（二）波利亚解题理论

著名教育家乔治·波利亚（George Polliat）曾说过：掌握数学就意味着善于解题。指出数学解题只需要四步即可，第一步看到题目、理解题目；第二步：拟订方案（是否见过相同或相似未知量的题目，重新叙述它，回到定义中去）；第三步：执行方案（进行解题并随时检查解题过程是否出现错误）；第四步：反思（检验结果，检验论证）。

波利亚解题理论对作业设计启示体现在以下方面：①无论是在学校还是在家里，在学习数学这一学科上，学生们始终都要面对大量的课上习题或者课下习题，但是学习数学的目的并不只是会解题，如果学生只是为了解题而解题，那么得到的学习效果将是微乎其微的，远远达不到数学教学的真正目的。②教师在布置数学作业上有意识地将题目进行特殊处理和精心设计，巧妙地将问题进行有效表征，引导学生用波利亚的四步解题法来解题，学会举一反三，通过解一道题得到一类题的解题方法，找到一般解题规律，形成自己的解题方式，开阔学生的解题思路。

三、发展性作业设计方案

（一）明确作业目标

作业是教学中不可或缺的基本环节，是学生巩固知识和教师检验学生掌握知识程度的重要方式，但同时也极易被学生和教师忽视它的重要性。

不论是在教学还是布置作业上，都需要遵循一定的目标，作业是对知识点的连接和检验，也是对教学的补充和延伸，是为教学后续正常进行而服务的，作业目标犹如旗杆，具有指引教师更好地完成教学的作用。基于数学核心素养视域下的作业目标有：①具备数学抽象能力，从客观世界中得到数学概念。②具有数学推理，从未知现象入手，剖析问题。③数学建模，将抽象知识生活化、具体化。④发散数学思维，扩展学生思想空间。⑤了解数学价值。

（二）遵循作业原则

1. 与学习目标一致

学习目标与教学目标相辅相成，相比之下学习目标具有更强的针对性和即时性，学习目标有以下几个特点：

（1）目标细化

将学习目标按照目的来分，有掌握知识、培养能力、掌握方法与达到成绩。学习目标需要一步一步来实现，从小目标向大目标迈进需要一个过程，为培养学生掌握基础知识的能力，可设置一些简单类型的题目，增强学生学习的积极性；为培养学生的数学能力，可布置一些综合性的题目，稍有难度和挑战性的问题可带给学生胜利的喜悦感和自豪感以及积极的学习动机。

（2）短安排

将学习目标按时间来分可根据学生的学习水平确定学习的近期、中期和远期。近期目标指最近时间段所要达到的目标，最多是一个月，对于近期目标，比较注重即时性结果的呈现，学习目标可以在短时间实现，那么在作业设计上目标性单一且明确，基本上是对课本一个小节或一个章节的知识点的掌握，作业设置一般是基础性题型；中期目标即期中所要求学生达到的目标，远期目标即期限不限定，目标长远，不仅要求对基础知识点的掌握，还要要求学生达到具有一定数学思维、数学直观、数学推理等能力的目标，因此，对于这类学习目标，作业设置求精不求多，作业类型要丰富，作业能力体现要多样。

2. 与学习内容一致

作业的具体内容和作业难度应该要与课上的学习内容保持一致，以教师日常所教授内容的练习、巩固为目的，符合作业目标、学生学情和周边环境中的相关资源具体设计。数学作业与学习内容一致，这样的作业对于大部分学生是相对容易的，是完全可以独立完成的，有些难度较大的问题，可以通过设置与课上内容一致的问题，甚至书上原题改编，学生们就会对题目产生熟悉感，通过做作业达到好的学习效率。

3. 与学习水平一致

世界上没有相同的一片树叶，那么在同一个班级里面，总有学习好的和学习比较吃力的，由于学生学习水平存在一定的差异性，因此，在作业设计上可采取以下措施：

（1）分层作业

面对不同学习水平的学生，可设置不同难度的作业模式，例如，面对学习能力较差的学生，布置一些基础性作业，甚至是书上例题的变形，且作业量不能太多，保证这类学生课下可独立自主完成。对于学习能力较好的学生，设置启发意义的拓展作业和动手实践类作业等综合性的作业，对学生来说有一定的挑战性，跳出“发展区”。同时，也可以设计一系列具体层次化的作业，由学生根据自身学习水平选择作业的数量与难度。比如：把作业分为 A、B、C 三个等级区域，学生可根据自身情况自由选择一个区域的作业；必做题必须完成之外，添加一些可以选择的题目，通过奖励措施鼓励学生选择选做题。

（2）学生自主作业

这类作业的特点是教师和学生的主体地位互换，学生是作业的主体，教师引导学生自己根据课上所学内容自主设计，也可以由教师规定作业的量和型，例如在学习概率的计算时，可以要求题目呈现的方式为列表法或树状法。也可以让学生以小组为单位编制单元试题，各小组之间互相交换做、改、评，这种作业形式完全放手于学生，这种方式可促进同学之间的合作与交流的能力。

（3）作业量恰当

很多人认为学数学就是做题，其中“做题百遍，其意自见”这句话流传人间，事实并不是这样的，学生的学习效果与作业的时间成“U”型曲线，因此，作业的质要提高，量要有所控制，减少重复的作业，不求多但求精而巧。

（三）丰富作业类型

维果茨基的最近发展区理论下的作业设计启示：教师在进行数学作业设计时要注意到学生的两种发展水平，充分掌握学生已有的知识水平，作业难度上应设置在学生能够承受的范围之内且有所拔高，充分考虑到学生的水平能力和学习兴趣，给学生布置具有挑战性的作业并提供相应的支持，引导学生勇敢地跨过这个“鸿沟”，从而有效促进学生的全面发展。

（四）作业素养体现

对于数学核心素养的体现采取设置不同类型的作业设计，通过以上的整理与研究，提出以下建议：

1. 趣味性作业激活学生直观想象

通过设置富含趣味性的题目激起学生学习的兴趣，培养学生的直观能力。比如，在学习旋转那一章节时，可以设计剪纸游戏。

2. 开放式作业引领学生掌握数学抽象概念

数学的抽象就像蜘蛛网般，人只要跳进去就很难跳出，因此，在作业的设置上要遵循抽象的特性，给作业一个更大的开放空间。

3. 层次化作业推动学生逻辑推理

如果将作业设计得具有层次化，带领学生把问题一层一层拨开，前因后果展现得明明白白，那么将对学生逻辑素养的培养具有很大的帮助。

4. 整合性作业促进学生数学建模

由于数学建模与现实生活紧密相连，具有统一性。因此，在进行一元二次方程这一章节的讲解中，可以通过学习握手模型，将一系列含有握手模型特征的边、角、形的问题进行统一学习。

（五）作业改评多样化

波利亚解题理论下的作业设计启示：做题之后少不了的就是对题目的批改与讲评，如果学生单纯地为了解题而解题，那么得到的教学效果将是微乎其微的，远远达不到数学教学的目标，教师在改评作业上要有意识地将题目特殊处理和设计，巧妙地进行问题表征，引导学生灵活地运用波利亚四步解题法来解题，学会举一反三，通过解一道题得到一类题，找到解题规律，形成自己的解题方式，开阔学生的解题思路。

首先肯定作业批改方式选择的多样性。从学生的调查问卷和教师的访谈中可以得出，学校实行的作业批改方式多为教师亲力亲为，这样批改作业的效果并不好，对教师来说费时费力，使得教师没有更多的时间备课和精心设计作业。

1. 同桌互批

每一个学生都会有一个同桌，通常一个人的行为往往会影响到接触最为密切的人，同桌的作用就是两人之间相互学习、相互监督、相互帮助，一同进步，有些需要当堂检查当堂批改的数学作业可采取同桌互改的方式，一来方便快捷，省时省力，二来加速同桌之间的“攀比”学习，因为有的人好胜心比较强，不愿落后，看到比自己优秀的人，心里是不服气的，也是不甘的，就会想方设法好好学习，超过别人，在这种你追我赶的情境下，每个人的学习效率都会大大提高。

2. 小组批改

小组批改的优点就是会更加统一，小组组长批改组内成员的数学作业，小组组长的作业交由班长批改，数学教师只批改班长一人的作业，首先，教师批改作业的压力会减轻很多，教师将有更多的时间来研究数学教学工作以及作业设计工作。其次，组员、组长、课代表的作业情况都将依次汇报到数学教师那里，这样教师利用抽查的方式对全部情况会有一个大致的了解。

3. 家长批改

当教师布置一些实践类作业，需要家长监督和提供相关帮助时，这类作业的完成情况可最终交给家长检查，由学习动机理论可知，每个孩子都希望得到父母的表扬，希望自己是父母的骄傲，那么家长批改的目的一是让学生家长及时了解自家孩子的学习情况，二是有利于教师和家长保持良好的沟通。

（六）作业的有效管理

学生完成作业后不要弃之不理，要保存起来。平时写的作业以及在这个过程中所遇到的问题对教师和学生来说都还有利用的价值。对教师来说体现在给作业做好记录，记录学生数学水平的变化过程，第一时间掌握学生的学习水平和学习状态。对于学生来说可采取写“数学日记”的形式记录数学学习的过程，这是将数学作业转变为数学思想的一种方式，善于总结和反思是学习数学必备的基础能力。另外教师可采取“作业”展报的形式鼓励学生学习数学，这个“作业”可以是平日里教师布置的课后数学习题，可以是一些思维导图，可以是非书面型作业，也可以是一些作品展示。

学生对于这种思维导图式的作业形式很感兴趣，积极利用课下时间拿出画笔完成五彩缤纷的树枝式知识框架，作出来的导图如花一样美观大方，如树一样蓬勃发展，不仅可以向教师进行作品展示，还可以自己保存，随时拿出来在脑子里过一遍，养成对知识点的框架记忆，而不是断片式记忆。

四、核心素养下发展性作业优化建议

（一）作业类型的丰富、作业目的升华

发展性作业与传统作业有以下区别：首先，作业形式不同，传统作业多为书面作业，发展性作业相对书面作业会更多设置一些探究类、实验类、操作类等开放性作业形式，根据学生需要设置难度不同、类型不同、层次不同的数学作业，作业类型不再过于单一；其次，作业目的不同，传统性作业目的大多数为基础知识的练习巩固，达到熟能生巧的结果，而发展性作业目的在此基础上，增加了作业目的的多样性，注重发散学生思维。

（二）作业内容生活化

作业内容若设置不好就会显得枯燥无味，只是单纯的数字练习，如何做到作业发展化，最重要的一点就是与生活的紧密贴合，从学生熟悉的生活场景出发设置数学问题，有利于学生对数学知识深层的理解与掌握。例如，九年级上册概率初步这一章节，概率问题在生活中应用广泛，越来越多的人购买彩票、股票、分期付款，等等。从生活实际问题出发学习概率统计，不仅能够激发学生的探索欲，而且会促进学生交流合作的能力，认识到学好数学的重要性。

（三）促进同学间合作交流

合作与交流是数学学习中的一个重要的能力体现。在当今这个发展迅速的社

会，每个人了解世界的途径有很多，每个人都会有自己的思想。这时，就需要同学之间不停地交流，互相学习新知识，互相触碰新思想。发展性作业相对于传统作业有更多的交流空间，注重学生之间的合作能力。一个人闭门造车往往没有众人拾柴的效果好，多个人在一起进行交流更能触碰思想火花。

第三节　基于核心素养的初中数学错题管理

一、错题管理的认知

（一）错题管理

学生在教师的指导下，可以正确看待学习过程中的错题，并采取科学的方式，搜集、整理、分析、归纳、总结、交流、分享错题，从而实现对错题价值的最大利用。在本研究中，将错题管理的过程分为学生在教师指导下，对错题管理持有的态度、在错题管理时采取的行为以及进行错题管理时采取的策略。

（二）错题管理是数学学习不可或缺的环节

初中阶段是培养学生学习习惯与兴趣的关键时期，也是打下学习基础的重要阶段，这个阶段的学习对今后的学习和成长有着非常重要的影响，同时也为其他学科的学习打下坚实的基础，有利于塑造学生理性思维的能力，由此可见初中数学的重要性。

在数学教学过程中，学生做错题，甚至一再做错题，会直接影响学习效率的提高。皮亚杰关于学习的原理指出：错误是有意义学习所必需的。学习者在学习的过程中会不断地犯错误，但同时在这一过程中，学习者还要不断思考、挖掘错误缘由，并逐渐消除错误的环节。对于教师与学生来说，最重要的任务是要挖掘错题的价值并加以利用。为此，教师要进行一定的指导，帮助学生认识错题的价值并且合理地利用错题，科学地管理错题，实现变错为宝。错题管理是学生对已有错误的重新分析、解释，并在脑海里进行知识的内化，因此，知识会变得越来越系统，会提高学习效率以及养成良好的学习习惯，对培养数学核心素养也有很重要的作用。

错题也是一种学习资源，错题对于教师与学生来说是不可或缺的宝贵资源，只要我们能够合理有效地管理它，错题也会散发出不一样的光芒。教师和学生能否有效利用错题，从而达到理想中的效果呢？这就需要教师能够采取科学有效的方法进行指导，使得学生提高学习质量，达到最优学习效果。

二、相关理论基础

（一）桑代克联结——试误说

美国著名教育心理学家桑代克（Sandek）以“饿猫”为实验对象，通过让“饿猫”逃出问题箱，在此过程中进行分析总结，进而来阐释人类学习的本质。动物的学习是在特定情境中通过对刺激行为作出反应，并逐渐建立起联结，同样的，人类的学习过程也是联结的过程，人们的意识与实践活动，都可以看作刺激——反应的联结过程。从另外的视角来分析，动物的学习是一种逐渐地、不断尝试以减少错误，并且建立起反应与联结的过程。

学生的错题管理行为可以看作建立刺激反应的过程，在平时的数学学习中，学生会运用所学数学知识来解答作业、考试中的题目，当遇到较难的题目时，有很大可能会出现错误，就和实验中的“饿猫”很相似，但如果在这时候可以对错题进行很好的解析，并搜集、整理、分析、交流、共享错题，这样可以迅速纠正错误，并与自己已有的认知结构进行同化顺应，使得自身对知识的理解能达到一个新的高度。学生如果有效管理错题之后，再遇到相似情境时，就会很快找到解题思路，掌握打开“牢笼”的有效方法，这样可以有效节省做题的时间，久而久之会在学生的脑海里建立“刺激——反应”联结，通过提取相对应的解题方法，学习效率与质量同时也会得到提高。

（二）有意义学习理论

认知教育心理学家奥苏贝尔（Ausubel）以学习者的学习方式为划分标准，认为学习包括接受学习和发现学习。

从学习材料与学习者原有知识关系的角度出发，认为可以分为机械学习和有意义学习，而且相应地归纳概括了它们之间的联系与区别。

奥苏贝尔认为无论学生是低效学习还是高效学习，界定的标准不是判断它是接受学习还是发现学习，关键在于看学生是否在有意义地学习。基于此，奥苏贝尔提出了一个重要的概念——有意义学习，即在学生的学习过程中，学生认知结构中的新旧知识发生非人为的、实质性的联系。值得强调的是，非人为的联系指的是符号所表示的新知识和学习者头脑里已经存在的知识建立一种合理的、别人可以理解的、自然而然而非人们主观强加的关系。实质性的联系是指符号所代表的观念与学习者已有的认知结构中的观念完全等值，等值的语言用不同的话来表达，其关系不变。

学生在进行错题管理时，除了要对之前习得的知识进行纠正，在适当的时候要进行查缺补漏，还要检验、巩固之前所学知识的非人为的、实质性的联系。

学生做错题时，其实就是学生对新旧知识建立非人为的、实质性联系的时候出现了纰漏，假如学生可以很快地进入错题管理的状态，反思做错题的原因，并采取相应的措施修正并完善自身的认知结构，渐渐地将形成良好的学习习惯，从而提升学习质量。

学生在进行错题管理的同时，其实也实现了有意义学习，学生能自发积极地搜集、分析、总结、反思错题，对脑海里的新旧知识建立非人为的、实质的联系，那么，错题管理就是这样一直进行下去，即不断地进行修正错题。

（三）人本主义学习理论

人本主义学习理论对学习者的学习成长过程进行了诠释，从而使得人性得以发展。同时着重于启迪学习者的灵感、潜能，引导其在自身认知和经验世界里，对自身持肯定态度，从而获得自我认可感，实现自身价值。它主要是为学习者提供了一个更加适宜自身发展的环境，使得学习者得以充分感知、理解周围世界。

人本主义学习理论倡导有意义的自由学习观。在这里，有意义的学习，是指学习者通过一定阶段的学习，或者整个过程的学习，使得自身的个性、身心特点、态度、品格发生比较大的变化，同时，学习者专注于学习中，丰富拓展了自身的学习经验；而且它提倡以学生为中心，教师不是命令者，而是学习的帮助者，教师是指导学生学习的促进者，在学习的过程中为学生指点迷津。

人本主义学习理论体现在现代教育中，与以往传统的教育理念是有很大差异的，更多地体现了要关注学生，以学生为本位，教师在学生学习的过程中给予指导，不但教授学生知识，更关键的是要教会学生如何使学习更高效，授予学习方法与技巧，这样对于学生学习效率的提高是大有裨益的。在错题管理过程中，教师在课堂上指导学生如何管理，提供方法建议，同时秉持数学核心素养的教学理念，调动学生的主观能动性，在之后的错题管理过程中得以有效改善管理方法，取得良好的管理效果，同时在这一过程中，教师锻炼了学生的数学能力，改善了数学学习方式，并逐渐形成了良好的品格，得以提升数学核心素养。

三、错题管理的培养策略

（一）学校层面的策略

1. 转变教学理念，着力提升核心素养

学校要转变教学理念，不仅注重教学成绩，更重要的是要注重学生核心素养的培养，在错题管理方面也是如此。要注重错题管理效率与质量的有机统一，加强对教师的专业培训，使得教师拥有丰富的错题管理的理论知识与实践经验，这样在具体的教学实践中才会使得学生达到应有的理想的错题管理效果。

学校要注重学生核心素养的提升，对于学生的错题管理，要建立错题管理评价机制，反馈并评价学生的错题管理情况，并在此基础上有针对性地进行改进。因为错题管理是需要一段时间才能看到成效的，根据不同成绩水平的学生，以及结合他们的错题管理态度、行为、策略，在一段时间内，看他们的错题管理是否有改善，学习成绩是否有提高，并给出相应的建议与策略。

与此同时，提升学生的数学核心素养，在对错题管理的过程中，针对各种不同的错题类型，也在不同程度上锻炼了学生的直观想象、数学抽象、数学运算、逻辑推理的能力，这是一个相互影响的过程。在错题管理过程中，也是提升自己数学能力的良好机遇，对自己不曾擅长的部分加以提高，对粗心大意的部分加以注意，最终达到最优效果。

2. 开设专业指导课程，科学有效管理错题

学校要开设相应的错题指导课程，根据学校的教学任务，因情况而设定课程的次数，可以一周 2 ~ 3 次，具体的上课时间是相对灵活的，关键是要教给学生科学有效的错题管理方法与技巧。它分为理论与实践两个部分，首先向学生讲清楚管理的理论部分，这样可以对学生的困惑有所指点，并选择有效的方式向学生指出错题管理的重大意义，使得学生可以在学习过程中愿意去做这样的一件事，并能持之以恒坚持下去；然后要营造共同关注错题、反思错题的氛围，让学生亲身实践，针对出现的疑问进行解读，这样可以实现有效管理。

学校重视错题管理，要让学生“学会、学懂、学透彻”错题，并能关注错题管理以及积极参与其中。学校设置错题指导课程，并要针对课程怎么组织、实施、评价给予参考性建议，采取分组教学，通过“组内异质、组间同质”的分组方法，把学生分成学习能力可以互补的学习小组。要区别于一般的课程，错题指导课程更多强调的是要激发学生的好奇心，调动学生的积极性、主动性，教师只是负责

提供专业教学，剩下的具体实践要交给学生，这样学生才会切实体会到错题管理的真正实施过程，并在其间得到反馈。

反馈评价既有学生与学生之间的评价，也有教师与学生间的评价，这样做的目的是了解学生的具体情况，并改进学生的错题管理。课程目的是要通过对学生的指导，使得学生始终能以积极的态度对待错题管理，并提高错题的利用效率，对错题能够搜集、存档、分类、整理、交流，取得错题管理的良好效果。

（二）教师层面的策略

1．加强对错题管理的认识与重视

（1）规整反馈：建立学生错题档案，实现“对症下药”

学生应该重视对错题的收集与整理，教师更应当重视。教师应当重视学生出现的错题，整理并归纳平时的练习、批改作业、考试中出现的错题，反思学生做错题的原因是自己讲解的速度太快还是某些知识点没有讲到位，学生没有理解，并加以改善。尤其重要的是教师要及时批阅学生的错题本，及时了解学生在该阶段存在的疑惑以及问题，这样在进行教学时就更具有目的性、针对性。用红笔进行圈画的同时，在错题本空隙部分写下对学生的建议或者鼓励性话语，这样实现了教师与学生的又一次交流与沟通。学生在教师的鼓励下，对待错题的态度会变得更加认真，整理错题的积极性也会相应地提高，更加有信心去利用好错题。

在对学生的错题进行规整反馈期间，教师要建立学生的错题档案，对于学生的共性问题、个性问题分开记，对相同的知识内容、不同的知识内容分开记，记录时要把题目以及学生错误的具体情况、做错的原因、错题的频率标记好。这样教师可以对学生错题的类型以及哪些题发生错误的频率高有一定的了解，知道了学生的易错点以及薄弱点，才能更有针对性地去加以指导，实现“对症下药”，才能更好地指导学生错题管理。

建立错题档案，收集整理学生的错题，相当于掌握了学生的第一手资料。教师可以抽课间或者自习等的一部分空余时间，与学生进行交流与沟通，了解学生的错题原因、困惑，这样不仅可以使师生间的联系更加密切，而且能更有效地进行错题指导，并对教学产生良好的引导作用。这样在指导错题管理的过程中才会做到有的放矢，因材施教，提高教学效率，更有利于以学生的发展为本，调动学生的积极性去参与错题管理。

（2）引导迁移：正确强调错题，恰当展示错题

在实际的教学实践中我们会发现，有的学生因为学习时间紧迫，而没有进行

错题管理，周而复始，渐渐地，错题越来越多，当他们想要再次整理时，发现已经失去了头绪，不知道该从哪里着手。教师务必要着重强调错题管理的重要性，在学生做错题目的时候可以强调，也可以在检查学生错题本时给予批注，还可以选择与学生面对面沟通。

教师还要做的是给予学生正确的引导，在课堂上合适的时间点向学生展示错题。教师可以故意在需要学生特别注意的知识点或者学生容易做错的地方出错，接下来看学生的反应，能否在思索后找出错误，这样可以让学生主动思考出现的错误，避免在之后的学习中犯同样的错误，实现正迁移，发挥积极的作用。在教学中，教师对于学生出现的错误不要回避，相反地，要尽量帮助他解决，可以选择其他学生提示他，让其意识到自己的错误并加以修正。教师这样做的话，会取得更好的效果，不仅帮助了做错的学生，还让其他学生有机会深化对知识的应用。在解题时，教师要提倡学生从不同思路进行思考，然后对做题方法进行比较，并解析正确与错误的做题过程，使得学生能够清晰认识到错在哪步，到底是哪里出现了纰漏。这样，学生通过自主探究，与其他同学进行交流共享做题经验，丰富了自己的解题思路，增强了自己的解题能力，还培养了学生的数学核心素养，学生的思维得到了进一步锻炼，数学能力得到进一步提升，数学品格也得以丰富。针对自己不足的模块进行增强，能提高学生的数学情感，在得到些许学习成果时，会更加有热情地去探索丰富的数学世界。

（3）规范内化：细化对学生错题的监督管理

许多学生缺乏自学的意识与行为，通常在教师的要求下才会完成规定任务。教师要强化对学生的监督，增强对学生的检查力度，隔一段时间就对学生的错题本进行检查，每周检查一次最好。通过检查，可以更深层次地了解到学生错题管理的相关情况以及遇到的困惑，并在此基础上有针对性地对学生进行指导。教师可以在班级里举行错题本展评活动，规范学生的错题本整理方式，通过学生之间投票的方式选出在这方面做得优秀的同学，并给他们奖励小礼品，当然也要适当批评做得不好的学生。教师将班级里的学生分为小组，每组都要有成绩好的学生和成绩稍差的学生，这样就可以互相帮助，达到共同探讨、共同进步的效果，并且相互督促、相互考查，可以把各自的情况反馈给教师，在减轻教师负担的同时，让学生自己真正地学会管理错题。另外，教师要对不同的学生采取相应的管理态度，要兼顾男女生之间的差异，男生在错题管理的观念态度上偏弱，因此，关键的是要让男生加强对错题的重视度，主动地进行错题管理。在错题管理行为与策略方面，女生会差一些，因此，应在她们的错题管理的实际操作中进行指导。人本主义的学生观以及不同学习水平的学生数学错题管理水平差异，启示教师应该“区别对待”不同学习层次的学生。教师要重视学生的已有学习经验，需要在了解学生的基础之上因材施教，引导学生进行更具方向性的学习。学生最重要的是要将已学知识内化为自己的知识与技能，根据不同学习程度的学生，教师要注意到他们的差异性，进行分层管理。对于成绩优异的学生，他们拥有较强的自学能力与自控能力，所以，教师不用太担心他们，以“拔高训练”为主，要对他们提出适应他们的更高的要求，让他们能高效、自主地进行错题管理。教师要更多地关注成绩普通的学生，多留心他们的错题管理过程，尽快找出他们相对薄弱的方面，然后进行个性化指导，对他们的要求可以先不用那么高，先让他们尽可能地独立完成错题管理。对于成绩较差的学生，教师更要加大对他们的关注度，但不要操之过急，而要渐渐地去启迪他们，首先要建立起他们学习的自信心，再督促他们踏踏实实地学习。当然还有一些在刚开始就对学习表现得满不在乎、对学习缺乏兴趣与好奇心的学生，教师也不要就此放弃，也要给予相应的关怀，和他们在课间单独谈话，对他们进行心理辅导与帮助。

要想使得学生一直能进行科学有效的错题管理，持之以恒，和教师坚持不懈地监管是密切相关的。教师需要为学生树立积极的榜样，一直持续地进行监管，引导学生保持对错题管理的积极状态，这样学生的学习成绩一定会有所提高的。

2. 科学有效地指导学生进行错题管理

（1）端正错题管理态度，重拾学生信心

初一的学生思维由形象具体思维向抽象逻辑思维发展，他们更多地倾向于之前的学习方式方法，对初一的部分数学知识不能很好地理解并应用，在遇到一些比较抽象、晦涩难懂的题目时，难免会出错。出现错题是不可避免的，关键是要能正确看待错题，对错题加以有效利用、整理、归纳、总结。

教师在指导学生进行错题管理时，要端正学生的态度，不能为了应付教师、应付考试而管理错题，要发自内心地认可错题管理，从而主动地去挖掘错题的价值，为学习所用。有些学生在进行错题管理一段时间后，发现并没有什么成效，于是失去了继续下去的动力，这时，教师要给予精神方面的鼓舞，因为错题管理要想取得成效，是需要时间的，这样让学生有一个对错题管理的良好认知，从而重拾错题管理的信心。

在平时的数学学习中，教师要在教学过程中对学生进行思想熏陶，强调错题管理的价值与意义，逐渐引导学生重视错题，并能有效地利用错题。重在坚持，学生在收到满意的效果后，会更加有动力去整理错题。错题管理态度本来就积极的学生，教师要继续鼓励他们，持之以恒，争取可以做得越来越好。错题管理态度稍差的学生，教师要针对性地引导他们，讲清楚错题管理的目的与好处，并以身边管理错题取得良好效果的学生为榜样，让他们有参考，从而有努力的方向，建立起应有的自信心，相信自己也可以做得很好，发挥好错题管理应有的价值。取得优异的考试成绩固然重要，但如何掌握取得优异成绩的方法更加有意义。学生重拾自信心后，会主动进行错题管理，不会特意为了考试而做，而是自觉监控自己的知识掌握程度并及时查漏补缺，于不知不觉中，学习成绩会相应提高，由此可见，错题管理与学生的学习成绩是相辅相成的。

（2）优化错题管理方法，提升学生思维能力

学生现有的错题管理方法比较单一，大多数学生采取建立错题本以分析错题的原因，并改正错题的方法。因此，教师要指导学生使用更有益、更适合的管理方法。首先，要让学生采取多元化的方式搜集错题，即可以从课堂练习中、课后作业中、考试中搜集，还有经过几次思考都没有明确思路的数学题目，也要搜集起来，而且要及时搜集错题，不遗漏任何错题；其次，也是关键的一步，就是要教会学生整理错题，在这期间最主要的是对错题归类整理，可以按照学习知识模块来划分，也可以根据错误原因来分类，当然还要根据学生的学习习惯以及学习偏好，选择恰当的整理方式。如果出现同一道题再次犯错，则一定要特别注意，给予深层的解析，并防止再次犯错。再次，让学生尝试找出与错题相类似的题目进行巩固练习，在最开始的时候，教师检查错题本时，可以帮助学生找错题的变式题目，让学生重新再做一次，目的在于让学生从中总结出一定的规律，然后让学生学着去找，教师检查学生找的题目是否准确，最后让学生真正学会找错题的相似题目。最后，教师每周在班级里举行一次错题交流分享会，会议的内容包括：每个小组轮流向教师汇报错题本学习以及复习的进展情况；对错题依旧有疑惑的学生可以在会议上提出来，同学们一起出谋划策，帮忙解决；选取自身感触颇深的错题以及纠正方法与大家共享；说一说在这段时间的错题管理过程中的心得体会和经验。

学生通过错题管理方法的优化，能在不同程度上提高其数学思维能力，增强思维的灵活性、敏捷性、深刻性，这也是有利于数学核心素养提升的。根据不同的知识模块，相应地提升学生的直观想象、数学抽象、数学运算、逻辑推理的能

力。比如，在几何与图形模块中，通过对相关错题的分析、整理、总结，得知哪部分思维与能力是有所欠缺的，并有针对性地加强，这样学生就能提升相应的直观想象能力，同时锻炼了数学思维。不同的模块对应不同的题目，锻炼学生的能力也是有所侧重的，还有的模块考查学生多方面的综合能力，都在一定程度上提升了学生的数学核心素养。

搜集数学错题的多元化方式，不能仅仅局限于课堂，凡是让自己存在困惑的题目，都应搜集起来。从不同维度探讨错题，从而增强思维灵活性；通过教师的指导，到最后自己能找出核心方法，锻炼了学生的思维敏捷性；通过开展错题交流分享会，能使得学生已经习得的错题管理方法更加深刻。

（3）启迪错题管理反思，培养学生创新能力

教师在课堂讲授的知识与技能，如果学生不能认真听讲并加以吸收利用的话，那么也不能充分发挥出课堂学习的作用。现在倡导的是学生为主体，学生的思维在课堂上要一直跟随教师甚至是要超越教师，这样才会有良好的学习成效。在讲解错题的时候，要创设与之相符合的情境，与学生的生活实际相结合，这样有利于学生更好地理解题目的内涵，从而把学生的注意力集中起来，促使其再一次地对思维进行加工、编码、存储，调整原有的知识体系，促使其对之前的做题思路进行反思，从而学习得更有动力。

教师在教学的过程中，扮演一个指导者的角色。在学生刚开始进行错题管理时，他们并不知道要管理些什么以及怎么去管理，这时教师要向学生提出明确的要求，要求学生怎么去管理，教会学生错题管理的方式、方法，慢慢地要启迪学生去反思，在这里有两种反思的情况：一是及时反思，就是指在学生更改错题后进行及时反思，避免下次再犯同样的错误；二是周期性的反思，隔一段时间去进行反思，可以是一周或一个月，去反复巩固已经改正的错题，而不是简单地听懂错题管理的方式、方法。最重要的是要让学生自己去感悟、去反思，学生从自身出发去感悟学习经验，那么，主动构建的知识才会有价值。

教师要求学生建立对应的错题本，不仅是为了教学的完整性，更重要的是为了学生的自身发展考虑，帮助学生更充分地利用学习资源，督促学生对所学习的知识进行反思，在错题里总结经验，以减少出错的概率，根据自身的实际情况完善知识体系，更有目的性地进行学习，使其作为学生学习的有益工具。通过对自己所做的错题进行分类，并与所学知识点相对应，再进行深刻的反思，反思自己为什么做错，并就做错的原因找出有效的补救办法。在整理错题的过程中也会发

现自己的知识漏洞、方法不当、思维局限等问题，这时需要做的就是要反思并总结，争取少犯类似错误。只有经过自己反思的学习内容才是真正地学会了，否则学到的知识多数是知识点的简单堆砌，稍微一变身，就会变得迷惑不解。

创新一直以来都发挥着重要的作用，不仅能锻炼提升个人的能力，更重要的是通过创新，可以对社会作出突出贡献。在学习中，也要倡导培养学生的创新意识与能力。当然，在错题管理过程中，也应渗透培养学生创新意识与能力的思想。学生在对错题深刻解读并把正确的解题思路纳入自己的认知结构中，在反思中最有可能出现灵感，因此，学生在领悟到本质的同时要加以创新，自己编制数学易错题目，将自己反思过程中的注意知识点又一次得到了充分应用，也可以与同学交流，碰撞思维的火花，举一反三，相互借鉴，共同进步。对同一道题目从不同维度去理解、思考，综合运用所学知识，主动寻求最佳解决方案，创造出自己的解题技巧与途径。

（三）学生层面的策略

1. 完善错题管理态度，激发数学思考

由之前的研究可以得出，大部分学生对于错题管理的态度还是合理的，能采取较为积极的态度去看待。为了纠正少数学生的态度，以及保持多数学生的现有态度，学生需要完善对待错题管理的态度。

学生要肯定错题管理的价值，通过错题管理，学生实现了自我监控，并对数学知识进行了内化。之前在课堂上教师对错题进行讲解，并作出要求，这其实是把管理的主动权交给了教师，真正的错题管理应该是学生自发地、积极地管理，不断监控自己的问题，并针对其进行补救，这样学生真正对知识进行了同化，并使得知识成为自己的一部分。

学生出于对自身的学习考虑，认真看待错题管理，不受外界因素干扰，专心研究自己的错题，并进行错题整理、分析、总结、分享、交流、创造，这样保持下去，完善了学生的错题管理态度。在这一过程中，会激发学生关于数学的思考，当学生专注于错题管理时，自然而然就会迸发思维火花，思索所进行的数学活动，能感悟到更深层次的数学魅力，对提升自己的数学能力是不可缺少的步骤。

学生完善自身对于错题管理的态度，保持积极的态度，认真管理错题，触发数学思考，对所学习的知识进行更深一步的解读，锻炼了学生的数学能力，也会锻炼学生的思维，增强了思维的灵活性，有利于数学核心素养的生成。

2．养成错题管理习惯，培养数学品格

教师指导学生进行错题管理，是需要一段时间去验证其效果的。为此，在教师的督促下，学生又渐渐地看到效果时，学生便会自然而然地增强错题管理的信心与积极性。由一开始的督促，到之后的主动整理错题是循序渐进的过程，是学生自我监控、自我提高的过程。

学生认识到课堂上的练习、作业、考试中的错题的价值，积极主动地参与其中，并合理分配自己的学习时间，能很好地搜集、整理、分析、分类、交流、分享、创造错题，意识到错题管理不只是简单地摘抄下来，要做的是对其进行深层次的剖析，对错题进行针对性的学习，使其相关的知识点与题目在脑海里建立实质性的联系，赋予其特有的含义，从而实现有意义的学习。一个好的习惯养成需要坚持 21 天，错题管理这个好习惯一旦养成，便会对学生的数学学习产生深远持久的影响。有了教师以及学生之间的相互督促，学生一定可以持之以恒，在培养数学品格的同时，很好地利用错题，提高学习效率。

初一的学生相对较高年级的学生是更听话的，所以，教师在初一的时候就要注重培养学生错题管理的主动行为，严格要求他们，给予必要的指导与帮助，渐渐地，学生会形成良好的错题管理的习惯，随着他们进入较高年级，会收到意想不到的效果。

3．掌握错题管理方法，深化数学能力

对于错题的管理，掌握科学合理的策略是非常重要的，我们要遵循教师的指导，建立错题本；或者利用网络资源，建立电子错题集或使用相关 App、错题本、摘错本等。当然，毋庸置疑的是学生也可以在教师的指导下，再添加适合自己的错题管理的方式、方法。

（1）抄写原题

建立错题本，首先第一步要把原题抄写下来，学生通常用黑色笔写，如果学生所面对的题目过长，或者学生做错的题目太多，那么学生可以在原来做错题的地方，把题目裁剪下来，粘贴在自己的错题本上，这样不仅节约了摘抄的时间，而且又使得页面更加整洁，有了数学错题的题目，学生才能进行下面的操作。

（2）分析错因

最关键的是要对做错的数学题目进行分析，找出错因，并不是简单地把错误的原因归纳为粗心大意等，重要的是要找到深层原因，然后再分析、检查自己的做题过程。面对不同类型的数学题目，学生要结合具体的题型，即选择题、填空题、计算题、简答题等来进行错因分析，并且要知道是哪种错误类型，如理解不清题意、知识遗忘、粗心大意、计算错误、方法不当等，并要弄清楚具体是哪一步出现了问题，在旁边进行标记。

（3）改正错题

在错题本上要把完整准确的做题过程展示出来，解题步骤尽量写得详细一些，修正的时候建议用红色的笔，这样比较醒目，层次更加分明，有利于学生进行复习，当学生再次去复习时，做题的思路是比较清晰地展现在那里，即使学生有所遗忘，也会有所提示。这样学生不会出现疑惑的情况，在改正错题的同时，对题目进行了更深层次的解读，并相应地提升了学生的数学抽象、逻辑推理、直观想象、数学运算能力。比如：在进行有理数的计算、一元一次方程的错题管理中，就能提高学生的计算能力与技巧。在对相交线与平行线的错题进行改正时，就能锻炼学生的逻辑推理能力。

（4）归类整理

整理错题有利于学生更好地利用学习资源，实现变“错”为“宝”，那么为了让错题对我们的学习更有所帮助，就要分类整理错题。学生可以按照自身的学习习惯、做错题的原因、错题类型、错题的难易程度来作为分类整理的标准，在这样的情况下，学生会更加具有目的性地去整理，能取得更加好的效果。在这里，建议学生采取“活页错题本”，可以随时摘取错题本的每一页，是比较方便复习巩固的。

（5）复习提醒

学生整理完错题只是完成了一大部分，最关键的是要及时复习，最好是贴标签，提示学生订正的确切时间，学生就可以根据自身的学习计划来回顾、复习错题，复习的时候可以找一个“遮挡物”把之前的做题过程掩藏起来，在其他地方重新做一遍。如果学生可以流畅地把题目作出来，则表明学生已经掌握得很好了，为了追求理想效果，可以找变式题目进行更深层次的检测；如果在做题的时候，还是会思索半天而没有大的进展，甚至会一错再错，那么就要在这方面狠下功夫了。

（6）要点备注

即使学生在订正错题后，有可能还是会存在一些细小的问题。如果教师和其他学生在翻阅的时候发现了，要在要点备注里给予批注，这样可以让学生及时纠正，而且还可以作为之后重点关注的知识点，可以学习得更加完善。

按照以上步骤对错题进行管理，可以最大限度地利用错题，当然学生也可以有自己独特的方式，我们的出发点都是为了学生的学习效果、质量着想。由于现在时代进步、科技发展，网络学习不失为一种新型学习模式，有远程教学、双师课堂等，对于错题的学习，可以建立电子错题集，这样更方便学生查看，学生更有兴趣在手机或者学习机上进行错题的管理。或者下载相关的 App，可以更有效地利用好碎片化时间来学习，更大程度地与现在学生的偏好结合起来进行学习，在这过程中不知不觉就锻炼了学生的数学思维，增强了数学抽象、逻辑推理、直观想象、数学运算方面的数学能力，相应地，学生的数学核心素养也得到了提升。

4．错题管理后的深思，优化思维方式

错题管理不仅是要把教师教的方法学会，更主要的是要学会反省，内因起关键作用，教师在课堂上讲得再好，教学活动设计得再完美，如果学生不能全身心地参与其中，那么也会事倍功半。学生学习错题管理的过程就是领悟的过程，是不断增加学习经验的过程，我们要做的不仅是会错题管理，更重要的是要做好错题管理。

在管理错题期间，可以深思自己在学习过程中哪些知识还掌握得不够全面、理解得不够彻底，对自己的能力进行评估，在自己已经掌握的数学思维方式方面给自己打分，看自己能否根据具体的题型采取相应的解题方式。比如：在几何与图形章节的题目更适合选用数形结合的方式解题；在数与代数章节，更要注意用分类讨论的思想。然后针对自己不完善的地方着重提升自己的思维方式，该过程是比较漫长的，学生一定要坚持，才会看到进步，做好量的积累，促成质的飞跃，会发现自己的学习境界又高了一个水平，相应的数学核心素养也得到了提升。

学生进行错题管理的目的就是要把错题资源充分地利用、再加工，不断优化自己的做题思路、方式，提高学习效率，进而提升学习成绩。学生要不断调整方式、方法，用发展的眼光看待数学题目，订正错题后进行深思是非常重要的，每进行错题管理一周之后，都要观察错题量是否发生变化以及遇到类似的问题是否还会再次出错。如果发现错题量并没有减少，那说明错题管理并没有发挥出应有的作用。那么就应该深思自己到底是哪个环节出现了问题，是自己的观念态度出现了问题，还是采取的方式方法不当。一旦找到自己存在的问题之后，要及时调整并纠正，而且在之后的学习中要继续观察自己有没有取得进步。相反地，如果错题量有所减少，并且相同错误基本上也不会再犯了，说明错题管理起到了很好的作用。这时要给予自己适当的奖励，来作为自己继续前进的动力，最关键的是要总结自己的进步经验，提炼出适合自己的错题管理方法，在之后的学习中才会游刃有余。所谓“学而不思则罔，思而不学则殆”，这句话说明我们不仅仅要学习，还要进行反思，只有两者结合，才能取得最佳效果。

第四节　基于核心素养的初中数学文化教学策略研究

一、数学文化

（一）数学是一种文化

20 世纪 70 年代，国际上成立了专门的组织研究数学文化，同一时期，莫里斯·克莱因（Maurice Klein）的著作《西方文化中的数学》把数学归类到西方文化中的一类，怀特（White）的著作《数学文化论》更是明确提出了数学是一种文化的观点。怀尔德（Wilder）将“数学是一种文化”提升为“数学是一种文化体系”，从而明确了数学是一种文化的观点。

（二）数学文化的概念及其特点

张维忠教授提出了广义数学文化和狭义数学文化，顾沛教授对数学文化的概括基本和张维忠教授的观点一致，他们都认为数学文化不仅是数学史，数学的发展及形成过程等都应该包含在数学文化中，由定义可见，数学文化包含范围之广。

数学文化可以传播人类的基础思想；有其独特的语言，是人类的特殊语言——数学语言与符号；具有广泛的应用性，是人类与社会联系的一种工具，是人类、自然、社会三者之间关系的桥梁；数学文化的系统性和开放性是人类文化的一部分，但是有其独立的系统，也和其他文化兼容并包；数学文化的特性在人类文化中都有缩影。

二、基于数学文化培养初中生数学核心素养的课堂教学策略

（一）数学文化对培养初中生数学核心素养的影响

张奠宙先生主张通过课程展现数学的美丽之处，进而自然而然地让学生接受数学思想。在学习“圆周角发现与证明”的过程中学生应该更重视数学思想的传授，思维过程可以分为以下四个步骤：①转变问题，给出的圆周角是静态图形，为了方便理解，可以将其看作动态图形，对问题进行一系列思考，将问题一般化；②提出问题，“圆心在角的边上”，使得问题特殊化；③根据已学的知识，寻找

问题之间的联系以及规律；④证明并得到结论。在解决完问题后，教师引导学生总结，这样学生才能积累更多的学习方法，这种思维方式适用于解决多种数学问题，有利于提高学生数学分析问题以及解决问题的能力，对培养初中生数学核心素养有重要意义。

数学文化中还包含数学历史的发展过程，在数学文化发展的长河中有很多伟大数学家的励志故事，有很多家喻户晓的历史典故等，初中生对这些的了解都可以增加其文化底蕴与爱国情怀，对其情感、态度和价值观的培养具有正方向的引导作用，这就将初中生数学核心素养上升到学生的综合素养。由此可见，无论是对初中生数学核心素养的培养还是提升，数学文化都起到了至关重要的作用。

（二）“融文入境”培养初中生数学核心素养

一节好课对于学生来讲应该是一场饕餮盛宴，那么导入的吸睛程度就基本决定了这节课的受关注程度。

融入数学文化的导入能达到吸睛的目的，“勾三、股四、弦五”众所周知，但是大家并不知道它是商高提出的，同时勾股定理也称为商高定理。

将数学文化融入数学课堂情境中，用数学文化进行数学课堂的导入，使数学课堂变得生动鲜活，激发学生的探索欲望，从课堂的开始就开启培养初中生数学核心素养的大门。

（三）“借文导问”提升初中生数学核心素养

数学文化不仅可以融入导入环节，还可以借用数学文化提出问题进行探究学习。用数学文化进行问题引导使提出的问题变得深刻，学生解决出来会提升其成就感。

（四）“文文呼应”使初中数学核心素养得到升华

数学是一门基础学科，之所以称其为基础是因为解决其他学科问题都会涉及数学。比如，海王星的发现过程和哈雷彗星运行轨道的计算都需要用到数学知识，数学在天文学中的应用甚广，可以说没有数学知识很多天文问题就得不到解决。所以，天文学的相关知识总是伴随着数学文化，这使数学文化蒙上了神秘的面纱。说到文化就会想起中国的古典文学，其中具有代表性的《红楼梦》的后四十回作者到底是谁困扰了文学界很多年，那么利用概率知识就可以推断出作者的语言风格，进而解决这一问题，这就让数学文化和文学产生了联系。在建筑学中应用广泛的“黄金分割”也是数学文化的产物，建筑学把一个写于纸上的简单算式变成气势恢宏的高大建筑，这使数学文化也变得高大、深厚。

不仅在以上几方面，在其他方面数学也有很广泛的应用，这就使数学文化具有了多样性和复杂性，数学文化是其他学科的基础，同时数学文化也融入了其他文化的精华，这使数学文化和其他文化互相呼应、互相作用，共同将初中生数学核心素养进行升华，最终促进初中生全面发展。

三、基于数学文化对初中数学核心素养的再认识

在实际课堂中，教师运用最多的就是数学史中的故事，所以，一部分教师对数学文化的认识也仅限于数学史，其实数学文化包含数学史，但是不仅限于数学史，数学文化所包含的数学思想、方法更为重要。从数学文化的角度看初中数学核心素养，十分注重学生学习数学后所获得的能力，虽然字面上都与数学有关，但实际都对生活学习有一定影响。

利用数学文化可以提升初中生数学核心素养，将二者有机地融合在一起可以使学生的综合素质得到提高。当然，二者的融合对教师提出了更高的要求，不仅需要教师在专业水平上有扎实的功底，同时要求教师有深厚的文化底蕴，更要求教师要不断更新和完善自己的文化知识储备。

核心素养视域下初中数学高效课堂的构建方法如下：

（一）合理运用情境教学

初中数学课堂教学中，教师要合理运用情境教学的方式，将课堂教学中的知识与情境教学的方式相结合，加强学生在课堂教学中对数学知识的理解能力，在课堂教学过程中运用情境教学的方式，改变传统教学中死板的课堂教学模式，提高学生的课堂学习兴趣，使学生在课堂学习中能够根据相关的情境对数学知识理解得更加透彻。

（二）积极开展探究教学活动提高学生的学习能力

自主学习能力以及创新能力是核心素养的重要组成部分。特别是针对数学教学而言，更需要培养学生的探究能力和分析问题的能力。新课改突出了学生在课堂教学中的主体地位。初中数学教师可以通过积极开展合作探究活动的方式培养学生的自主学习能力，从而提高初中数学课堂教学的质量。新授课中，对教学中的重点难点问题教师可以将学生分成几个学习小组，让学生分小组讨论完成。学生之间合作学习以及互相探讨的过程是学生思考和理解数学知识的过程，进而使学生具备分析能力、探究能力，学会学习。

（三）引导学生提问，培养其问题意识

学起于思，思起于疑。在数学学习过程中，学生有疑问时就会主动地提出问题，然后积极主动地进行探究，解决问题。在数学教学中，教师应当引导学生在课堂上敢问、会问、爱问。对此，数学课堂上，教师首先要通过赞许的目光、鼓励的话语、亲切的笑容、肯定的手势，破除学生不敢问的心理障碍，然后教师在关键处示范提问，教给学生质疑的方法，最后根据数学教学内容主动设置悬念，诱导学生发问，使学生的问题意识得到加强，促使学生形成核心素养，提高初中数学教学的实效性。

（四）与多媒体技术相结合

教学中为全面提高学生的课堂学习兴趣，可以在课堂教学中运用多媒体教学技术，提高学生对数学知识的理解与记忆的能力。在教学中教师将数学知识与多媒体教学技术相结合，使学生在课堂教学中能够根据多媒体的展示对复杂的数学知识有清晰的理解。

作为一名初中数学教师，在教育教学实践中，应学会转变自己的教育观念，精心设计教学过程，将有效教学策略融入课堂教学的各方面，让学生学会运用数学知识解决生活中的数学问题，加深学生对数学知识的理解和巩固，提高数学学习的效率，同时进一步提升学生的数学素养及综合素质。

参考文献

[1] 张连明 . 初中数学思想方法及其应用 [M]. 长春：吉林人民出版社，2022.

[2] 邹常志 . 初中数学思维律动课堂的探究 [M]. 长春：吉林人民出版社，2022.

[3] 黄金雄 . 谈学品教初中数学教与学的创新实践 [M]. 北京：北京燕山出版社，2022.

[4] 成艳玲 . 核心素养视域下初中数学课堂教学策略探寻 [M]. 长春：吉林人民出版社，2021.

[5] 秦晓梅 . 基于核心素养的初中数学教学研究与导引 [M]. 西安：陕西科学技术出版社，2021.

[6] 吴国庆 . 且思且行初中数学教学探索 [M]. 武汉：华中科技大学出版社，2021.

[7] 徐斌艳 . 数学素养与数学项目学习 [M]. 上海：华东师范大学出版社，2021.

[8] 张铭德 . 初中数学教学信息化体系建构研究 [M]. 天津：天津科学技术出版社，2020.

[9] 周月玲，曾彩香，陈雪霞 . 初中数学翻转课堂教学模式研究 [M]. 长春：吉林人民出版社，2020.

[10] 刘金英 . 初中数学教学与评价的研究 [M]. 沈阳：辽宁教育出版社，2020.

[11] 付杰 . 初中数学教学的基本素养 [M]. 西安：陕西人民教育出版社，2020.

[12] 李向东 . 初中数学教学的新模式及其实践 [M]. 长沙：中南大学出版社，2020.

[13] 李秀珍 . 初中数学课堂教学实践与研究 [M]. 长春：吉林人民出版社，2020.

[14] 刘华为 . 基于深度学习的初中数学课堂教学 [M]. 上海：华东师范大学出

版社，2020.

[15] 董磊，陈棉驹 . 初中数学思想方法教学目标管理系统的构建与思考 [M]. 北京：现代出版社，2020.

[16] 吕进智 . 在初中数学教学中引导学生自主变式的研究 [M]. 北京 / 西安：世界图书出版公司，2019.

[17] 张俊忠 . 基于核心素养的初中数学探究式教学研究 [M]. 贵阳：贵州大学出版社，2019.

[18] 汪晓勤，栗小妮 . 数学史与初中数学教学 [M]. 上海：华东师范大学出版社，2019.

[19] 夏世珍 . 初中数学教学研究与设计剖析 [M]. 青岛：青岛出版社，2019.

[20] 温剑 . 初中数学教学方法研究与实践 [M]. 西安：西安地图出版社，2019.

[21] 刘中立 . 优化初中数学教学的有效策略 [M]. 成都：四川民族出版社，2019.

[22] 陈兆国 . 核心素养视域下初中数学教学研究 [M]. 沈阳：辽海出版社，2019.

[23] 黄和悦 . 初中数学素养提升的教学解读与实践 [M]. 上海：上海科技教育出版社，2019.

[24] 林祥华 . 初中数学多元目标与教学策略 [M]. 福州：福建教育出版社，2019.

[25] 顿继安 . 素养导向的初中数学教学十五讲 [M]. 北京：北京教育出版社，2019.

[26] 朱光艳 . 数学教学与数学核心素养培养研究 [M]. 北京：北京工业大学出版社，2019.

[27] 孙桂瑾 . 初中数学教学设计与方法 [M]. 汕头：汕头大学出版社，2018.

[28] 张明纪 . 初中数学教学设计与教学方法研究 [M]. 青岛：中国海洋大学出版社，2018.

[29] 王晓军 . 春蚕絮语初中数学教学实践与思考 [M]. 北京：国家行政学院出版社，2018.

[30] 汪英 . 初中数学有效教学攻略 [M]. 长春：吉林人民出版社，2018.

[31] 罗奇 . 初中数学优质课堂教学研究与案例 [M]. 长春：吉林人民出版社，2018.